社区
活动策划

主　编　张晓琴
副主编　谭洛明　付美珍
　　　　柳彩霞　卢娓娓

南京大学出版社

图书在版编目(CIP)数据

社区活动策划 / 张晓琴主编. — 南京：南京大学出版社，2021.6(2025.8 重印)
ISBN 978-7-305-24082-9

Ⅰ. ①社… Ⅱ. ①张… Ⅲ. ①社区管理—高等职业教育—教材 Ⅳ. ①C916.2

中国版本图书馆 CIP 数据核字(2020)第 257573 号

出版发行	南京大学出版社
社　　址	南京市汉口路 22 号　邮　编　210093

书　　名　社区活动策划
　　　　　　SHEQU HUODONG CEHUA
主　　编　张晓琴
责任编辑　尤　佳　　　　　　　　编辑热线　025-83592315
照　　排　南京南琳图文制作有限公司
印　　刷　广东虎彩云印刷有限公司
开　　本　787 mm×1092 mm　1/16　印张 11.5　字数 474 千
版　　次　2021 年 6 月第 1 版　2025 年 8 月第 3 次印刷
ISBN 978-7-305-24082-9
定　　价　46.00 元

网址：http://www.njupco.com
官方微博：http://weibo.com/njupco
官方微信号：njupress
销售咨询热线：(025) 83594756

* 版权所有，侵权必究
* 凡购买南大版图书，如有印装质量问题，请与所购
　图书销售部门联系调换

前　言

随着习近平总书记基层社会治理之道的不断深入人心，政府购买公共服务进社区日渐增多，作为社区工作者与居民联结纽带的社区活动也越来越丰富。回应居民需求，做好社区活动策划与组织，是每位社区工作者必备的技能。

《社区活动策划》第一版距今已有8年了。为了满足新时代社区基层治理对社区活动策划的新要求，也契合高等职业教育项目教学的需要，我和团队教师开始了《社区活动策划》的修订之旅。新版教材沿用了原教材的基本体例，主要在社区活动策划文书样例方面进行了较大篇幅的内容替换，选用了近年来珠三角地区社会工作服务前沿阵地——广州、深圳、东莞等地不同服务机构的优秀文案。这些文案都是社会服务机构一线社工真实的活动策划，从中可以感受到珠三角地区社工开展活动策划时所具有的周密细致和人文情怀。虽然文书来自不同地区、不同机构，形式和格式上略有不同，但策划书的基本内容秉持一致，体现了社会工作者在活动策划时所呈现的专业性。感谢广州资深社工督导刘百秀女士的辛勤张罗和热心感召，感谢广州市心明爱社会工作服务中心、深圳市龙岗区春暖社工服务中心、广州市天河区启智社会工作服务中心、东莞市正阳社会工作服务中心等机构的热烈响应和慷慨无私。正是因为有社工服务机构的鼎力支持，才让我有勇气摈弃日常教学管理事务的纷扰繁杂，勇敢面对教材修订的挑战；阅读这些来自一线的宝贵文书资料，朴实甚至略显口语化的表达虽然在专业的呈现上还有很多可提升的空间，但却是这么真实、接地气。因此，也尽可能地保留了文书最初的模样。

在此，也要郑重地感谢和我一起并肩作战的团队成员，他们用浓缩的文字呈现了社区活动策划的精要，用严谨的态度参与了教材的修订，用高效的行动完成了教材的修订。他们具有最朴素的教师本色，我以他们为荣。

最后，也感谢南京大学出版社的编辑老师们，对于本书的出版给予了大力支持。

本书由广州城市职业学院张晓琴、谭洛明负责统稿。第一章由卢娓娓、柳彩霞修订；第二章由柳彩霞、付美珍修订；第三章由付美珍、张晓琴修订；第四章由刘百秀女士负责修订。

由于水平有限，书中错漏不足之处，恳请各位读者批评指正。

张晓琴
2021年5月于广州

目　录

项目一　社区活动认知 ………………………………………………………… 1
 1.1　社区活动的含义 ……………………………………………………… 1
 1.2　社区活动的类型 ……………………………………………………… 4
 1.3　社区活动的特征 ……………………………………………………… 5
 1.4　社区活动的功能 ……………………………………………………… 6
 1.5　社区活动的流程 ……………………………………………………… 8

项目二　社区活动策划 ………………………………………………………… 10
 2.1　社区活动策划步骤 …………………………………………………… 10
 2.2　社区活动策划方案要素 ……………………………………………… 14
 2.3　社区活动方案程序设计 ……………………………………………… 15
 2.4　社区活动方案游戏设计 ……………………………………………… 17

项目三　社区活动组织 ………………………………………………………… 21
 3.1　社区活动的组织过程 ………………………………………………… 21
 3.2　社区活动的志愿者招募 ……………………………………………… 22
 3.3　社区活动的资金募集 ………………………………………………… 26
 3.4　社区活动的宣传 ……………………………………………………… 33
 3.5　社区活动的会务安排 ………………………………………………… 34
 3.6　社区活动的评估与总结 ……………………………………………… 35

项目四　社区活动文书样例 …………………………………………………… 39
 4.1　"党建引领聚合力，文明城市齐参与"文明城市创建社区宣传活动计划书 …… 39
 4.2　"红旗飘飘心向党，国富民强颂祖国"海珠区残联暨江南中街庆祝中华人民共和国成立70周年活动计划书 ……………………………………………… 51
 4.3　"党群心连心，服务进社区"活动计划书 …………………………… 55

4.4 "党建引领,社区营造·自组织培育"志愿服务主题活动计划书 …………… 59

4.5 "党心同行·公益扶贫一路'柚'你"扶贫健康餐桌社区行暨迎中秋庆国庆活动计划书 …………… 67

4.6 "我参与·我健康"健康小卫士项目之儿童健康教育系列活动计划书 …… 75

4.7 "盏鬼儿童节趣致登场与你'童'乐六一"活动计划书 …………… 79

4.8 "阳光心理,快乐成长"青少年心理健康文化广场活动计划书 ………… 82

4.9 "荒岛救援"××学校高中部团辅活动计划书 …………… 87

4.10 "景泰一家亲"景泰街户外亲子活动计划书 …………… 91

4.11 "长者康乐趣味运动会"活动计划书 …………… 94

4.12 "关爱进文冲,携手创温情"社区长者活动计划书 …………… 101

4.13 "身残志坚,自立自强"全国助残日社区宣传活动计划书 ……………… 104

4.14 "快乐家庭"亲子团森林挑战之旅活动计划书 ………………… 109

4.15 "拥抱大海"特殊家庭自然音阅绘活动计划书 …………… 112

4.16 "拥抱自我"家属照顾技能提升活动计划书 …………… 115

4.17 "反家暴,说出来"社区活动计划书 …………… 118

4.18 "中秋月圆,传承经典"区六院中秋节医患共融活动计划书 …………… 121

4.19 "我们动动身"社区活动计划书 …………… 125

4.20 "畅游广州,文明同行"广州旅游志愿服务嘉年华活动计划书 ………… 130

4.21 "融入石牌"社区活动计划书 …………… 135

4.22 "文明社区幸福梦,和谐家园邻里情"鲶沙花园趣味游园嘉年华活动计划书 …………… 141

4.23 "益起社造吧"社区议事会活动计划书 …………… 163

4.24 "启智公益仓之汇爱天河南"社区活动计划书 …………… 165

4.25 "益起社造"之社区漫步探索活动计划书 …………… 170

4.26 "员村有你更精彩"社区改造线上征集活动计划书 …………… 173

参考文献 …………… 175

其他策划书

游戏

项目一 社区活动认知

案例导入

友爱社区有大量的外来户籍人员居住,为丰富社区居民的文化生活需求,促进外地户籍人员与本地居民之间的融合发展,搭建居民之间相互交流的平台,增进邻里情,增强社区凝聚力、向心力,营造一种团结奋进、文明和谐、喜庆祥和的浓郁氛围,按照区党工委的安排,现需要结合社区实际,制定一场春节期间社区活动方案。

社区活动是什么?为何要做这份方案呢?

1.1 社区活动的含义

社区,是若干社会群体或社会组织,共同聚集于一个特定区域而形成的在生活上相互关联,在精神上彼此依赖,在利益上休戚相关,有密切交往的共同体。在区域内的各类群体和组织,往往因共同的区域身份而产生相似的需求。一个良好的社区,往往通过社区活动串联起辖内组织与居民,充分地发挥社区满足居民心理归属感需求、实际生活需求及信息需求的功能,提供公共服务,协调社会关系,促进社区融合,应对社会风险。

满足人民群众的物质生活需求和精神文化需求是社会发展的根本目的,也是我国各级政府的一项重要职责。作为基层治理的基本单元及居民生活的共同体,城乡社区的服务工作,要以不断满足社区居民的物质、文化、生活需要为出发点,充分发挥政府、社区居委会、社会组织、驻社区单位、企业及居民个人在社区服务中的作用,整合社区资源,健全服务网络,创新服务方式,拓宽服务领域,强化服务功能,努力实现社区居民困有所助、难有所帮、需有所应,夯实社会治理的基础。社区活动的组织与实施是社区服务的具体化过程,是有效开展社区服务活动的保障。

1. 社区活动的定义

社区活动与社区相伴相生。广义的社区活动是指社区成员依托社区,通过开展基础性保障和福利性照顾活动,满足社区成员物质、文化、生活需求,以居民为主体组织并参与的集群性活动。当前的社区活动,既包括线上社区管理者在社区繁荣度达到特定条件后组织发布的休闲活动,也包括线下各基层管理单位为丰富居民生活而策划实施的各种服务内容。目前,我国社区已普遍建立社区服务中心,如社区卫生保健、社会保障、社会救助等服务机构,对社区居民提供公益事项,提供关爱和照顾、社区文化、社区就业、社区教育等服务活动。同时,社区志愿者服务队伍不断扩大,为帮助社区居民解决生活中遇到的各种疑难问题,发挥了重要的作用。

狭义的社区活动是指社区开展的各项文化体育活动。通过社区组织开展内容丰富多彩、形式健康有益、具有社区特色的群众性文化、体育、科普、教育、娱乐等活动,满足社区成员不断增长的精神文化生活需求。本书中社区活动指广义的社区服务活动。

2. 社区活动的要素

(1) 组织要素

社区活动是社区组织履行社区管理与服务职能的重要形式和任务。社区组织包括正式组织和非正式组织,前者以明确的目标、严格的制度、严密的运作、固定的场地设备等为特征;后者一般是自发形成,具有关系紧密,关联度强,约束力弱等特点。社区组织在不同的社区活动中均可通过自身功能的发挥,协调社区内成员的行为,满足社区居民的需要。在社区活动中,不同社区组织的参与将推动社会化和产业化相结合的社区服务体系建立,这不仅是对社会治理创新路径的大胆探索,也是多元主体参与社区发展治理的实践,和对社区资源进行整合的过程。

(2) 成员要素

社区内的成员既是社区活动的对象,也是社区活动的主体。社区成员具有数量、质量、结构等要素。成员数量特征指特定时期社区内生活的人口数量,决定了社区内社会关系的复杂程度,是衡量社区规模和社区活动影响力、覆盖面、受益面的重要指标。成员质量特征指该时期社区内成员的身体、文化和思想道德水平,决定着社区活动的内容和层次。成员结构特征指特定时期内社区成员的内部组合状态,如年龄、性别、宗教、婚姻状况等情况,是社区活动方向的指引。社区活动需结合成员结构特征进行设计,才能更有针对性地回应社区成员需要。社区活动的受众覆盖面要尽可能广,与社区居民切身需要息息相关,才能被广泛接受,印象深刻。

(3) 地域要素

社区活动需要在特定的地域场所开展,地域场所是社区活动实施和社区成员生存的基本空间。不同的地域有其形成的自然条件和人文沉淀,自然条件包括海拔、气候、植被特征、空气质量等方面,人文沉淀则指该区域的历史传统、风俗习惯、地方语言、行为方式等内容。社区活动内容与方式的选取需要因地制宜,因人而异,根据当地的风俗民情、居民日常习惯做设计,才能更好地利用地域资源,促进社区发展,满足居民需求。

3. 社区活动的原则

(1) 公益性

坚持公益性、服务群众是社区活动的主旨。坚持公益性,即以民众的福祉和利益为目标,不以经济利益为目的,群众需要就是社区活动努力的方向。社区活动的公益性要求我们在组织实施中,要循公德,听民意,做好事,行善举,广泛动员社区各方面的力量,立足社区实际,解决社区居民最直接、最需要解决的问题,使社区活动的出发点和落脚点都建立在为群众办好事、实事上。

(2) 群众性

社区活动要建立在广泛的群众基础之上,密切联系群众,听取群众意见,反映群众需求,激发群众参与,开阔群众眼界,启发群众觉悟。社区活动既要有一定的代表性,符合大众的利益,主题鲜明,又要具有广泛的群众基础,心系群众,满足群众个性化、多样化的需求,充分联系群众,服务群众,切实做好上下沟通,纵横联系,内外协调,使社区活动广覆盖,共参与,最大程度调动群众的积极性,凝聚民心。

（3）娱乐性和低竞技性

娱乐性是社区群众文化活动不可缺少的重要因素,是吸引社区居民参与的明显特征,也是推广普及社区文化的催化剂;而活动的低竞技性不仅给普及活动增添活力,还激励人们追求更高境界,从而增强活动的吸引力、感染力。正因有了娱乐、低竞技的特征,才能使社区活动组织者做好社区活动的普及工作,并将两者较好地结合起来,以平等、宽松、开放的活动形式,吸引社区居民主动参与,创造友善的交流环境,传递社区大家庭的温暖。

（4）连续性和稳定性

社区活动在时间上应具有连续性和稳定性。所谓时间上的连续性,就是举办的社区活动有相对比较固定的频次;所谓时间上的稳定性,就是社区活动项目有比较固定的时间。如果是想起来了就玩一会,情绪不好就忘记了;或者闲时搞,忙时就不问了,那是很难把社区活动办好的。集中活动与分散活动相结合,阶段性与经常性活动相结合,才能使社区活动连续、稳定开出,且多样化的形式,可更好地激发基层组织内在活力。

4. 社区活动的意义

在创建社会主义和谐社会的过程中,社区活动是社会主义精神文明建设的重要方式之一。通过丰富多彩的社区活动,既可以发挥社区服务的功能,实现对社区居民的教育、陶冶、塑造等目的,又可以发挥各个要素的支配力和影响力,一边影响、教育、塑造和完善社区人,一边不断激发和增强社区活力,激活社区内外多元主体共同参与,为促进社区成员的全面发展提供有效支持。加快和完善社区服务对于发挥社区的功能,维护改革、发展、稳定的大局,促进社会发展都具有十分重要的意义。

举办社区活动,对于社区发展而言具有任务型效果、过程性效果及延伸效应三重效果。其中首要工作是让社区成员认识到社区活动的意义,吸引他们的关注,了解社区活动。[①]

（1）任务型效果:指满足具体实质的需求,或解决特定的社区问题。如社区中的夕阳红合唱团、旗开得胜旗袍协会、太极队等开展的文体娱乐活动,其目的是引导社区居民发展生活兴趣,维护身心健康。活动顺利完成,任务型效果也就达到了。

（2）过程性效果:指伴随活动实施过程而生出的效果,具体内容包括:改善邻舍关系,搭建社区网络;居民认知提升,认识到参与的重要性,并愿意为此承担责任;居民对社区更加认同,投入度增加等。社区活动是一个动态过程,必然涉及决策、协商、动员、资源分配等行为,一旦活动以组织的形态运转起来,又会带来能力、意识、规则、价值关系的变化。

（3）社区活动的延伸效应:指在活动中产生的积极效果扩展至其他社区工作,以及延伸到接下来的社区其他活动中,这里的积极效果至少包括三个方面:

① 居民议事参与能力的提升。居民在参与社区活动的过程中练习并学会如何议事、如何协商,借由社区活动的实际操练,跟进开放空间,展望未来论坛,社区行动工作坊等社区参与技术的引导,能够将不同需要的人群组织起来,形成有序的参与及表达,从而加速社区全面治理时代的来临。

② 居委会与居民合作关系的维护。社区活动在社区内时刻发生和运行,经常性的社区活动可有效维系成员关系,并保有随时行动的能力,更可以降低居委会在人力、财力、管理资

[①] 冯猛:社区居民活动的组织与递进,《中国社区发展报告 2016—2017》。

源方面的投入。由此,社区活动可成为居委会开展社区工作的重要抓手。

③ 居民间社会网络的构建。通过社区中社团活动的开展,更容易建立社区居民参与网络,促进居民间持续性的交往和沟通,能够唤起有助合作的价值观念,创造群体身份的共识,发展人与人之间的互信与互惠关系,构建起居民间良好的社会支持网络。

1.2　社区活动的类型

社区活动是在社区开展的各项活动。社区文化资源如社区传统文化、文化遗产、艺术会馆、民俗民情等,是开展社区活动的重要影响因素。不同社区的居民构成、行为方式、价值取向、认知模式、生活方式、生活水平、社区设施、周边环境等差别很大,往往形成不同的社区特征。生活在同一社区的人们之间会建立各种基本联系,这些联系是面对面的、直接的、非正式的、初级的和自然本色的。由于生活条件、社区环境、地理位置等方面的影响及社区成员之间互动方式的影响,社区活动类型可以从以下 5 个方面划分。

1. 从活动性质上划分,可以分为公益活动、商业促销活动、自娱自乐活动

公益活动是一定的组织或个人为改善"公域"而奉献财务、时间、精力和知识等内容的活动。社区公益活动是围绕社区独具特征的意识形态和文化观念的社区活动,包括社区精神、社区道德、价值观念、社区理想、行为准则等。这是社区成员道德观、价值观生成的主要途径。活动的指向性强烈、精神性突出,是中国优良传统的延续,是构建社会主义和谐社会的内在要求。公益活动的对象和内容极为广泛,如社区好家风宣传、居家安全设施改造等,可较好地吸引公众注意力,倡导文明、有爱的社区氛围。商业促销活动是企业在社区举办的,以宣传企业文化、产品为目的的社会活动,以降价或赠送礼品、免费体验服务等形式吸引居居参与,以实现短期内促进销量、提升业绩、增加收益的目的。自娱自乐活动是社区居民自发组织的活动,经常以其多样的形式,与自身喜好高度吻合的特征,愉悦个人身心的目的而自行开展,如居民广场舞等均属于此类活动。

2. 从活动频度上划分,可以分为定期举办的大型活动、日常开展的经常性活动

定期举行的大型活动以其稳定的观众群体、独特的文化视角、真实的生活写照,为社区活动增添了丰富的文化内涵。定期举行的大型活动包括重大节日、主题宣传等活动,如三八妇女节活动、七一庆祝活动等。日常开展的经常性活动包括生活服务、健康服务等活动,以其活动经常化、形式多样化的特点,吸引居民普遍参与,陶冶高尚情操、丰富文化生活。

3. 从参与人群上划分,可以分为面向大众、广泛参与的活动和针对特定人群开展的活动

面向大众、适宜大众广泛参与的活动包括趣味问题游戏、亲子活动等。针对特定人群开展的活动包括面向儿童、青少年、老年人、妇女、残疾人、矫正对象、优抚对象、救助对象、家庭等开展的社区服务活动,如弱势群体帮扶、拥军优属、社区照顾、小饭桌等。

4. 从活动内容上划分,可以分为文化、体育、科普、教育、娱乐等活动

社区文化活动指社区在环境文化、行为文化、制度文化、精神文化四个方面开展的社区活动,如庆典、书画展、演讲等活动。社区体育活动指社区开展的以休闲、健身为目的的大众体育健身活动。社区科普活动指社区开展的科学普及和宣传教育活动,包括健康咨询、科普讲座、科普图片展、节能环保、安全健康、交通安全、饮食卫生、预防疾病等科普知识。社区教

育活动指社区开展的学习、培训活动。社区娱乐活动指社区开展的群众性娱乐活动。

5. 从活动目的上划分,可以分为节庆活动、关注民生活动、宣传政策活动、社团活动

节庆活动是在一些特色的节日里面向相同特征或境遇的社区人群开展的活动。如我国传统的"九九重阳节"即面向老人的敬老、孝老活动,可通过棋牌、歌会等形式,架起长者沟通的桥梁,创造愉悦的氛围,同时为他们提供关怀与照顾,激发社区互助。关注民生类活动,一般指针对社区居民普遍民情及时关注,如对困境群体关心慰问,积极推进救助政策宣传与实施工作,对救助对象做好入户调查、资料审核、资格验证,开展民主评议及资格公示,做好公开接受监督。政策宣传类活动,主要通过社区入户走访进行过往及最新政策的宣传工作,借助于政策宣传栏及各类媒介提高政策知晓度,将惠民政策惠及千家万户。社团活动则是社区居民以"自由组合,自我管理,自愿参加"为特点的社区内社团型组织活动,可以在日常工作、生活之余,为居民提供放松场所和调剂品,帮助社区有效地组织发动具有同样兴趣爱好的居民陶冶情操,互动交流,丰富生活,凝聚人心,增强居民参与社区活动的主动性,是拓展基层社区工作的一种行之有效的新途径。

1.3 社区活动的特征

社区活动是一个地域性的,就地就近解决社会问题的综合服务过程,着眼于居民多层次、多样化的物质文化需求,特别是对居民最关心、最需要、通过努力又可解决的问题及时提供服务,为社区居民排忧解难。社区活动过程中要发挥政府、社区居委会、社会组织、驻社区单位、企业及个人在社区服务活动中的作用,政府提供公共服务,鼓励支持社区居民和社会力量参与社区服务,区分不同类型的社区服务项目,实行分类指导。既要整体推进,又要解决薄弱环节、重点项目和关键问题;既要坚持广受居民欢迎的传统服务方式,又要善于运用现代科学技术手段,不断提高社区服务的水平。

社区活动的特征有以下几个:

1. 区位性

社区是按一定地域特征和居民群体划分的生活区域,一个城市由若干个这样的区域构成,这些区域之间既相互作用,共存于一个城市体系中,又相互区别,凸显一定的社区活动差异。首先,社区间行业结构不同,居民文化生活方式也会有所不同,如商业型社区、工业型社区、科技型社区、政治型社区、军事型社区、金融一条街等,便有各自的文化生活特点。其次,社区活动与社区机构和活动设施有关,如博物馆、图书馆、文化馆、电影院、舞厅、体育场馆、群众性活动广场、公园等,这些设施的数量和使用情况,直接决定着社区活动的质量。

2. 多元性

以社区居民为主体的社区活动,需要动员、组织和协调社会资源积极投入。从参与主体来看,牵涉个人、家庭、邻里、朋友、单位、社区,层次较多,而且人们的信仰、价值观、行为规范、历史传统、风俗习惯、生活方式、地方语言和特定象征差异较大,单位与单位、组织与组织、个人与个人、家庭与家庭之间,构成关系复杂。从活动内容来看,涉及文化、体育、科普、教育、娱乐活动等领域的活动知识,也涉及儿童、青少年、老年人、妇女、残疾人、矫正对象、优抚对象、救助对象、家庭社会工作知识。

3. 互动性

社区活动是社区服务的具体化过程,互动性是检验各项服务活动效果的重要标准之一。随着人们物质文化生活水平和受教育程度的不断提高,社区居民已不满足于被动地参与社区活动,或者旁观社区活动,而是要求主动地参与和实践社区活动。社区活动的互动性越好,说明社区活动作用的发挥越充分。

4. 开放性

社区活动在内容上有着鲜明又单一的目标诉求,即在最大限度上满足社区居民的精神追求,强化社区归属感。由此出发,在内容与形式选择上就要考虑居民喜好与社会影响力相结合,使活动能够提高居民参与度,扩大社区活动的社会影响,向社会延伸其生命力和文化内涵。

5. 实验性

社区活动不应囿于传统领域固有模式,而应不断尝试以新的形势、新的视角、新的色彩,成为各类艺术形式的实验场,不断延伸其活动,以极为低廉的经济与社会成本走向社会。

1.4 社区活动的功能

社区活动的功能,反映了社区活动对于满足居民需要、培养社区意识、促进社区成员互动、增强社区凝聚力、提高居民素质、加强社区自治等方面的作用。

1. 满足需要功能

我国社区服务主要由社区福利服务和便民利民服务组成,是我国社区保障体系的组成部分,同时也是我国社区福利体系的重要内容。社区活动可以满足社区成员的社会性和功能性需求。① 管理需求。社区活动可发挥管理部门协调处理生活在社区的居民及群体的社会生活事务功能,如组织居民议事形成组织与制度,共同治理社区环境。② 服务需求。社区活动可为社区居民及单位提供丰富生活内容的文化体育类服务及设施设备维修等生活类服务,满足其社会性需求。③ 保障需求。社区活动还通过多种形式,覆盖困境人群及弱势群体,为其提供救助与保护措施,开展免疫接种、家庭病床等保障性服务。④ 安全需求。社区活动往往指向化解社会矛盾,保证居民生命财产安全,做好治安调解创建和谐社区,同时通过相关信息的提供与知识的普及,提高居民安全意识,预防各类危险事件发生。

2. 引导塑造功能

在人的社会化过程中,社区发挥着重要作用。这种功能的实现途径主要有以下几种。

① 导向。社区活动作为社区实践与精神文明建设有机结合的产物,使社区产生一种强大的吸引力。这种吸引力能较好地把社区居民的思想意识引导到精神文明建设的目标上来,达到宣传教育、提高人们的思想觉悟和认识水平的目的。

② 塑造。通过开展内涵丰富的社区活动,营造健康向上的社区文化氛围,帮助人们梳理正确的人生观和价值观,发挥净化心灵、陶冶情操的功能,塑造具有健全人格和良好道德素质的社会成员。

③ 规范。在社会转型过程中,社区居民的个体价值趋于多元化,往往会呈现出一些越轨的思想和行为,社区活动的规范功能就是要对社区居民产生一定的约束作用,使其日常行

为成为一种自律行为。

④ 凝聚。社区活动过程可以强化社区成员的社区意识,增强社区成员之间的亲和力和凝聚力,提高社区成员的社区认同和归属感。

3. 全面发展功能

在促进居民和社区全面发展的过程中,社区活动,特别是社区文化活动具有不可替代的作用。

① 人的素质的提高。人的素质提高包括思想道德素质、科学文化素质、文学艺术素质、身体健康素质等,社区文化活动帮助社区居民提升思想境界,梳理正确的世界观,正确看待自身与自然和社会的关系,提高精神免疫力,促进居民养成爱科学、学科学、讲科学和用科学的良好习惯,形成科学、健康、文明的生活方式。

② 社区与社区成员良性互动。社区活动立足基层,贴近群众、贴近生活、贴近实际,内容丰富、特色鲜明、形式多样、健康活泼、喜闻乐见、参与成员广泛,具有广泛的群众基础,可以满足不同层次的社区居民多方面的精神活动需求,社区文化活动与社区成员的文明水平、道德素质和全面发展程度相互促进。

③ 提高生活质量。丰富群众的文化活动,提高群众的生活质量。社区活动以形式多样、内容丰富的各项活动充实着居民的生活。通过扶危济困活动,改善弱势群体的生存状态;通过广场活动、节庆活动和展示活动及居民的广泛参与,提高人们的审美情趣;通过改善体育活动设施、成立体育团队等活动,推动社区全民健身活动,提高居民的身体素质;通过开发社区休闲功能,为人们提供放松、娱乐、张扬个性和展示自我的条件和机会,满足社区成员的物质和精神需求,提高生活质量。

4. 整合协调功能

维护社会稳定也是社区活动的重要功能之一,对于建设和谐社会具有重要的作用。这种作用主要是通过以下3个功能实现。

① 协调关系。在社区建设中,社区活动是推动社会沟通、增强心理凝聚力,从而实现社会和谐的有力杠杆。一个国家、一个民族和一个社会最根本的和谐是人们精神上的和谐,使全体人民有共同的理想和信念,有共同的社会价值观和共同的精神追求。而活动建设恰恰为人们达到精神上的和谐提供了最合适的桥梁。

② 整合资源。社区拥有工业、商业、科技、军事、文教、医疗卫生等各个行业,各个行业又有自己独具特色的活动,都有自己的覆盖面,都有自己的影响力和作用,可以通过组织大型的活动,进一步发挥社区活动的整合功能,用积极向上的社区活动,占领思想活动的阵地,创造一个群众活动群众办、社区活动社区办的大环境,满足社区成员日益增长的社区活动需求,提高社区成员的综合素质,促进家庭和邻里关系的和谐。

③ 稳定社会。我国社会正处于转型时期,诸多因素的相互碰撞导致了许多社会矛盾和社会问题。社区活动有利于倡导正确的价值观、人生观和审美观,有利于缓冲和解决社会冲突,有利于加强社区与社区、社区与社会之间的沟通,有利于强化公民意识和社区精神。社区通过开展再就业教育,帮助失业群体获得就业机会;开展老年文化、体育和照顾活动,使老年人老有所学、老有所为、老有所乐和老有所养;开展健康文明的社区文化教育活动,提高居民的思想素质和法律意识,有效抑制了赌博、吸毒等消极的社会现象,为社会稳定提供了重要保障。

1.5 社区活动的流程

社区活动的策划与组织是指为达到社区活动目标,实施社区活动方案而采用的手段。

社区工作者开展社区活动的方案策划、方案执行与评估总结过程。一个完整的社区活动流程包括社区活动的方案策划、方案执行与评估总结三个阶段,具体如图1-1所示。

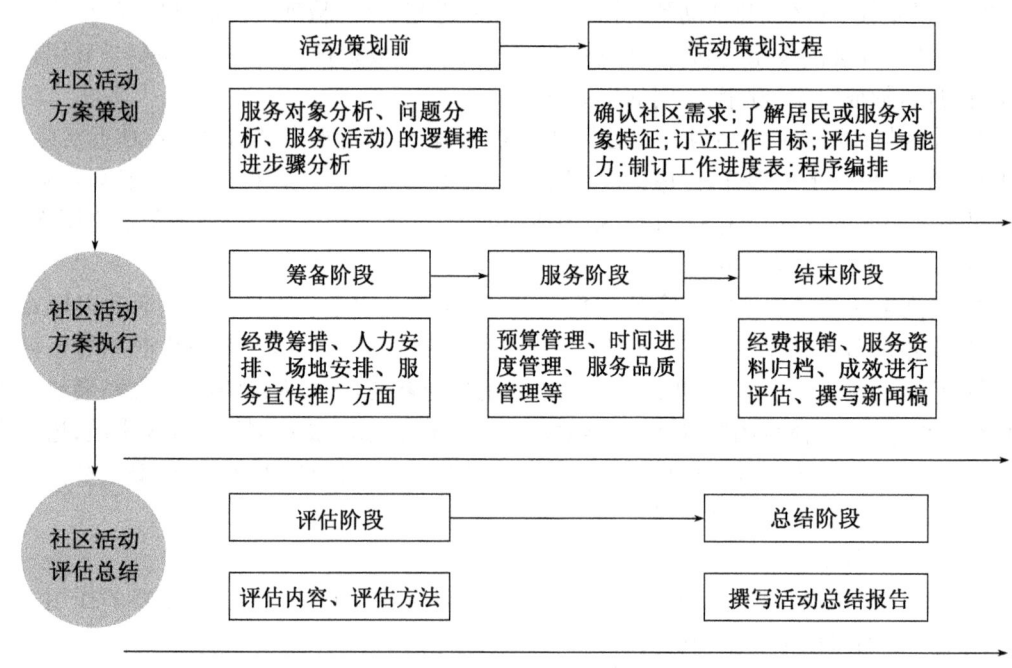

图1-1 社区活动的流程

1. 社区活动方案策划

社区活动策划是一个理性的过程,在这一阶段,社区工作者根据服务活动逻辑进行前期分析工作,包括科学使用评估表、测量表等工具评估社区问题和需求,立足可关注社区需求,解决社区问题,促进社区发展,激发社区活力,征求社区居民或服务对象的意见等。在策划中期,充分考虑资源状况,发掘社区内外资源参与,评估工作者素质和能力,订立活动目标,规划服务内容、服务流程和人员分工。以服务流程化管理思维,做好工作人员角色与职责的划分,建立分工合作体系。在策划后期,确定活动的成效评估内容及方法。经过这样科学严谨、循序渐进的过程,确保活动推行的可预测性和稳定性,也确保活动能够系统地实现特定的目标。

2. 社区活动方案执行

该阶段,社区工作者执行社区活动方案,实施服务活动方案。在筹备阶段,工作者完成对人、财、物配置和服务活动宣传及推广。在服务阶段,社区工作者根据社区活动方案开展预算管理、时间进度管理、服务品质管理、士气激励和提升。发现和培育社区活动领袖,发挥他们在社区活动中的引领和组织协调作用,注重社区成员的参与能力建设,营建社区活动中的共建共享格局。在结束阶段,根据政府、机构财务制度,完成经费报销事宜,及时将服务资料归档,通过表彰激励活动过程中的工作者尤其是志愿者,对服务活动成效开展过程评估和结果评估,并撰写和发布新闻稿宣传服务活动。

3. 社区活动评估总结

为了解社区活动是否达到了预定的目标,社区居民或服务对象的满意度如何,对在服务活动推行过程中存在优点和缺点进行评估与总结是非常有必要的。在社区活动参与过程中,参与者能够获得收益,就有动力发起活动,参与者的收益越大,参与社区活动的积极性也越高。在评估总结阶段,社区工作者通过定性和定量评估的方式,总结方案设计的情况,以及方案筹备、进行和结束等阶段的基本情况。对社区活动的评估,一方面可以作为本社区居委会和工作站未来持续开展工作的参考,另一方面也可以为其他社区的居委会和工作站提供借鉴。

思考题:

1. "社区活动是居委会的工作,其他部门无须插手。"对此观点你如何看待?
2. 社区活动的各个要素如何在活动中发挥各自的作用呢?请结合一个社区活动方案进行思考。

项目二　社区活动策划

案例导入

某社区为老旧社区,以流动人口居多。据调查,该辖区内分布较多的青少年,他们对毒品知之甚少。在"6.26"国际禁毒日来临之际,为切实加大禁毒宣传力度,增强辖区居民识毒、辨毒、拒毒的能力。新入门社区工作者小何将针对该辖区策划一份社区禁毒宣传活动方案,小何想到自己从来没有策划过一场社区活动,不知道该怎么做一场社区活动,甚至挺纠结自己能不能办好一场社区活动。作为新入门的社区工作者,在没有经验的情况下,如何策划一场社区活动呢?

2.1　社区活动策划步骤

社区活动方案策划是一个以未来为取向,活动为归依的策划过程,在综合考虑各方面的实际情况,征求各类社区居民的意见后,决定采取的活动内容和形式,以便系统地达成特定目标。

1. 社区活动策划前的分析工作[①]

（1）服务对象分析

在社区活动策划前,建立对项目服务人群的基本认识,确定目标服务对象。例如社区工作者最有责任和使命服务的人群是谁?这个服务对象群体有多少人?服务群体中有多少人已经在接受服务?为什么有些服务对象没有接受或参与现有的服务?活动方案未来甄选服务对象的标准如何?预期活动中受益的人数有多少?

（2）问题分析

例如社区中有哪些人受到问题的影响?哪些人在问题中获得好处?哪些人认为该情况是一个问题?导致问题的原因是什么?针对这个问题,目前提供了哪些活动?如果相关的活动停办,后果会怎样?如何改善现有的活动以有效解决这个问题?

（3）活动的逻辑推进步骤分析

即界定和确认问题→确认要达到的目标→选定评估的指标→寻找各种可行的方案→计算每个方案的成本(包括人力、物力、时间)→计算每个方案的成效→列举方案并进行比较分析。

---

① 《社会工作实务(中级)》,全国社会工作者职业水平考试教材编委会,中国社会出版社。

2. 社区活动策划过程

(1) 确认社区需求

明确社区需求是社区活动策划的出发点。在活动策划过程中，社区工作者可将不同需求按照优先次序排列，然后在讨论其后的步骤过程中慢慢筛选最适当的出来。社区工作者要转变服务理念，基于服务社群的哪一项需要有针对性地开展哪些服务来达到活动目标，做好需求评估是很关键的一步。以节日组织活动而言，社区工作者并不是由于元宵节即将来临而来组织策划活动，而是充分利用节日来开展活动，依据社区/社群对象优先关切的问题需求来发展活动方案及目标。

在发现需求的方向上，可以从以下思路进行思考。从活动参与者的发展阶段、特色出发：如居民领袖在活动推行上的技巧，居民参与社区事项的机会等。从组织的目的考虑：如知名度提高、社区居民参与率等。从问题的解决出发：如社区卫生环境问题的解决等。从社会公益、意识提升角度考虑：如对社区问题的关注度提升，社区事务的参与意识的提升等。

何谓需求？对此，不同的学者对此表述不同，美国人本主义心理学家马斯洛认为，需求分为五个层次，从低到高层次划分为生理需要、安全需要、归属与爱的需要、尊重的需要、自我实现的需要。当低层次需要得到满足时，高层次的需要就会显现。

英国学者布赖德肖（Bradshaw）总结了四种需要类型来界定社区需求。

① 规范性需要（Normative Need）。根据有关部门和专家制定的服务项目必须达到的质和量的标准，这种需求是专业人员、行政人员或专家学者，依据专业知识和现有的规定或规范，指出在特定情况下所需要的标准。

② 感觉性需要（Felt Need）。表现为当大部分居民感觉到自身的某些需要或期望不能满足时，并把它说出来的个人期望的需要和想要的服务。例如，社区工作者在社区调查中发现大部分居民认为社区治安不好。这种需要表现为居民的主观感受，也可能是基于客观事实的体会。社区工作者需要以敏锐的视角、发现询问社区居民的需要，服务内容和设计照顾到居民的感觉性需要，一方面也能确保居民愿意接受其服务，另一方面又能针对居民感受到某些过高的需要进行及时的调整与引导。

③ 表达性需要（Expressed Need）。居民把自身的感觉性需要通过行动表达和展现的需要。个体积极与相关机构联系，以期获得特定服务。例如，社区居委会通过建议信的形式向社区警务室反映社区治安问题。表达性需要主要反映了对社会服务数量上的需求，它不一定表示对服务质量的不满意；此外，表达性需要既可以来自于个人，也可来自团体。

④ 比较性需要（Comparative Need）。当某个社区的居民获得某项服务，而条件相似或背景相同的另一个社区的居民却没有获得同样的服务，则后者便存在对该项服务的需要。这种与其他个人或社区比较而出现需要，称为比较性需要。这种需要可以由居民提出，也可以由专家提出。例如社区工作者发现，情况基本相同的甲乙两个相邻的社区，甲社区为低保户提供了子女免费接受课程辅导，乙社区低保户却没有，乙社区低保户也非常希望获得这个服务。社区工作者开展社区服务活动时，必须全面正确地了解和界定社区的需要，然后才能准确地制定工作计划。

在社区活动策划时，社区工作者须了解有需要的人有多少以及他们的需要或问题是什么？在选择需要评估方法时，社区工作者从需要的迫切性、时间、人力、物力、工作者的能力等角度出发，选择一种或多种评估方法。常见需要评估方法具体包括：

① 社会指标法:利用有关社会指标或已有的统计资料来评估社会需要。

② 社区调查法:系统了解社区的需要和问题,社区调查法是最有系统的方法。常见的方法包括:问卷法、访谈法。

③ 社区印象法:从社区中选择一些居民进行调查,了解他们的需求,征求他们对社区服务的意见和建议,以便机构调整决策,改进服务。使用这种方法应尽量选择不同年龄层、不同职业、不同受教育程度的居民,以便较为全面地了解居民需求。如多与所在社区居民打交道,记录其日常生活作息安排。

④ 焦点小组:邀请六至八位目标群体的成员或相关人士出席一次讨论。社区工作者与参加者讨论他们察觉到的问题和需要,有利于社区工作者深入了解社区的问题。

⑤ 有识之士法:对于社区问题,一些关注、研究或从事此类工作的专家、学者、机构主管、项目负责人都可以从不同角度提供资料和意见。如与社区居委会建立良好关系,与社区分管负责人员进行沟通,熟悉社区原有的活动开展情况。

(2) 了解社区居民或服务对象的特征

社区工作者在对社区情况了解后,分析社区的问题或需要,确定目标服务对象。确定了对象,工作者的工作才可能有的放矢。在社区活动策划时,需要了解服务对象的背景,包括社区居民或服务对象的兴趣、特点、能力、生活习惯和方式、休闲时间的安排,以及与社区其他群体的关系等,为后期确定目标、选择活动形式、内容、时间安排等提供依据。例如活动中要求老年人做过分激烈的运动,儿童做复杂的数学运算都会令他们感到挫折。此外,故事、绘画等形式,虽然对儿童有较强的吸引力,但对青少年来说,吸引力就很低。因此工作者需要了解社区居民或服务对象的特征、喜好等,选择适合他们的活动内容及活动形式。

(3) 订立工作目标

在清楚了解社区需要,确定服务对象后,社区工作者依据社区需要设定活动所需达成目标。清晰目标能够有效地指引工作者计划活动,同时为后期评估、衡量活动的有效性和效益提供依据。订立工作目标时遵循 SMART 原则,即明确性(Specific)、衡量性(Measurable)、可实现性(Attainable)、相关性(Realistic)、时限性(Time-bound),具体地指出社区活动在指定时间内社区居民或是服务对象要达到的具体改变情况。

订立工作目标具体包括三方面内容:一是清楚界定整个活动方案是以哪些人为服务对象;二是清楚列出活动的内容;三是表达出期望活动的成效,即社区居民或服务对象参与该服务后可能产生的改变。社区活动的目标可大可小,应立足于社区实际、机构及项目社区工作者能力的考量,扎根立足本地社区,充分了解社区的公共空间与社会资源,包括社区工作人员队伍、志愿者、企业、爱心人士等。

(4) 配合机构的宗旨

在社区活动策划时,机构的宗旨是必不可少的考虑因素。每个机构都有自己的宗旨。宗旨通常界定了机构的服务对象、基本立场和工作取向。社区工作者在决定是否举办活动前,必须考虑活动是否符合机构的宗旨,否则便会出现问题。例如在一家为青少年服务的机构举办一场以老年人为最终受益对象的活动,这些都会给服务开展带来困难。

(5) 评估所拥有的资源

社区工作者评估自己拥有的资源,包括人力、财力、物力等。在人力资源方面,社区工作者需考虑机构是否有足够人手开展这项活动。此外,人力包括专业知识,例如举办一场健康教育活动时,需要考虑到是否能邀请到这方面的专家作为顾问。另一方面,财力物力是不可或缺的,社区工作者需要考虑机构的财政能力、申请资源的可能性等等,来决定是否举办社区活动。在评估资源上,社区工作者可运用SWOT分析方法对机构及其工作者对外所面临的机会和挑战,对内所存在的优势和不足进行分析,并要根据这些评估制订合乎实际、切实可行的服务计划。如果能力不足,可以寻求外来协助或更改原有的目标。

（6）列出所有可行方案

在设立目标,评估分析资源后,考虑用不同的方法达到预期目标就非常重要了。一份好的活动方案通常需要考虑很多途径,然后逐一仔细描述和预测。发现各种可行性方案才有可能从中抉择出最佳方案。在社区活动中,社区工作者为实现目标可以采用多种策略。在这个过程中,创新起着非常重要的作用,小组讨论和个人发言增加提出了新方法的可能性,也有利于有意义的可行方案的产生。

为了激发创造性,社区作者可以运用能够激发、促进创造性思维和创新性解决方案的群体问题解决方法,在这里,介绍两种群体讨论技术:头脑风暴法、名义群体法。

① 头脑风暴法。头脑风暴法是快速大量寻求解决问题构想的集体思考方法。运用这种方法时,活动规划小组成员聚在一起,提出各种各样的备选方案并对这些方案进行讨论。小组成员中任何人表达意见、观点时,都不应被批判和嘲笑;与会人员每人都要提出意见,尽情表达,鼓励"搭便车",从其他人的看法中衍生出自己的新的意见。一般来说,这种方法需要5~10名工作者组成一个非公开的会议小组,然后按照下列程序进行:

1）由一位小组成员对小组要讨论的问题进行大致的描述。

2）小组成员分享各自的想法,提出各种备选行动方案。

3）在全部备选方案被介绍完之前,每一个人都得保留自己对某方案的评判。小组中的一名成员负责记录各个备选方案的要点。

4）鼓励小组成员尽可能地提出创新和激进的想法,并且提出的想法数量越多越好。此外,还要鼓励组织成员对彼此的意见进行深入思考。

5）当所有备选方案都被提出来以后,小组成员需要对每一种方案的优缺点进行讨论,形成一个备选方案清单。

② 名义群体法。名义群体法提供了一种以书面方式提出备选方案的更为结构化的途径,并给予活动策划者更多的时间和机会来构思解决方案。当问题存在争议的时候,或者希望小组成员提出各自不相同的行动方案时,名义群体法相当有用。一般来说,在运用这种方法时,要求规划小组举行一个非公开的组内会议,会议遵照下列程序进行:

1）由一位小组成员对将要讨论的问题进行简要介绍,然后给出30~40分钟的时间,让每一个小组成员独立写下各自的想法和解决方案。鼓励小组成员尽可能有所创新。

2）小组成员轮流向大家说明自己的想法,由一名管理者在旁边记录这些备选方案。在所有备选方案被介绍完之前,不允许对任何一个方案进行批评或者评价。

3）按照首次提出的先后顺序,对这些备选方案依次进行讨论,小组成员可以要求了解备选方案的详细信息,并对每一个方案进行批评式考察,以便明确它的优点和缺陷。

4）在所有备选方案被讨论之后,每一位群体成员都按照自己的偏好程度对这些方案进行排序,形成一个备选方案清单。

（7）预测每种可行方案的结果

计划过程是一个前瞻性的过程，社区工作者可以从不同角度去观察各种可能的情况，当知道了各种可行方案的可能结果时，就能对比各种方案，然后提出一个最优的方案。运用符合性、可接受性、可行性三个指标去评估上一阶段提出的每一个策略，删除那些明显不可能的策略，即不符合目标、不被人们接受、没有任何可行性的策略。在这个过程中，可以通过SWOT分析法逐一分析实践每个方案的可行性，选出一个或几个方案，即通过各个方案的优势、弱点、机会和威胁分析，最后比较得出策略。

（8）确定最优方案

列举所有的可行方案并加以仔细研究，比较不同的方案，经过仔细审核，得出一个最明智的决定。在这个阶段最有挑战的一个方面是决定优先次序。在列举各种可行方案和确定各种目标之后，衡量其重要性和可行性就显得非常必要。对备选方案进行选择时，具体分析以下问题：

1）该方案是否符合服务对象的需求及优先顺序？
2）是否有足够的资源来完成该方案？
3）该方案所提供的服务是否被服务对象和社会成员所接纳？
4）该方案所产生的效益是否比成本更重要？
5）是否能测量出该方案的服务效能？
6）该方案是否具备可操作性？
7）在推行该方案时，是否会有严重的危机产生？

（9）制定具体行动计划。即将计划分为开始、推行和评估三个阶段，为达到服务目标制定具体的行动方案，在方案中，详细列出各阶段要完成的工作及其完成的期限，然后按照完成日期排列出先后次序，规定完成任务的具体时间，保证服务可以按照计划的时间来完成。方案设计了一系列与目标相关的活动，而且每个活动都有其具体的目标，因此要将这些活动一方面按照推行时间先后排出次序，另一方面还要根据服务活动的目标、场地（环境）、资源等要素进行编排。

（10）预期困难及解决方法

弹性对于总体计划过程十分重要。社区工作者要严格遵守计划，除非情况发生改变或者有更好得推进计划产生。然而，当计划被具体制订和贯彻时，变化是经常发生的。在必要的时候调整计划，计划的七个步骤不一定要按部就班，有时可以跳跃性实施，反而效果更好。因此，一定的弹性应对计划在计划中是必要的，针对活动中可能出现的状况进行预计，并提出相应的解决方法。

2.2　社区活动策划方案要素

社区工作者设计一份完整的计划书可以利用"6W＋2H＋I＋E"程序方程式协助制定并检查计划书内容有无遗漏。"6W＋2H＋I＋E"程序方程式协助制定计划以及对服务的规划与分析，为社区活动计划制定提供了科学的决策和工作分析方法，使服务有效地执行。"6W＋2H＋I＋E"程序方程式包含十项方案构成要素。

> 程序方程式:6W+2H+I+E
> 6W=Why(背景理念/目标)+Whom(对象)+When(何时)+Where(地点)+What(内容)+Who(工作者人手安排)
> 2H=How(具体进行方法)+How much(财政)
> I=If ... then(突发事件的应变方法)
> E=Evaluation(评估)

1. Why(背景理念/目的和目标)

在背景理念部分,运用理论阐述为何要开展这个社区活动?社区有哪些问题或需要存在?问题和需要覆盖范围以及严重程度?开展社区活动的目的是什么?希望透过这个社区活动达到哪些长期和短期的具体改变(长期和短期的成果目标)?

2. Whom(活动参与者)

明确社区活动的参加者是什么人,有哪些特征。如年龄、性别、职业、学历、兴趣等。

3. When(活动时间)

列出社区活动开展的日期、时间是什么。

4. Where(活动地点)

阐明社区活动服务在哪里举行,需要哪些场地。

5. What(活动内容)

详细介绍社区活动内容是什么,以何种形式开展,要注意活动内容要为实现目标而服务。

6. Who(人手安排)

为了保证活动的实施,社区活动中工作者(如义工、人力分工)安排如何?

7. How(程序安排)

清晰列明社区活动服务如何进行,包括宣传、招募、活动前期准备、活动流程、后期跟进等事宜。

8. How much(所需资源)

列出活动中所需要的资源,包括物力,如活动物资等;财力,主要指财政预算,如收费、资助、各项支出的情况等。

9. If ... then(应变计划)

预计活动过程中可能突发情况(如项目合作方的不配合、场地、财政等),并提出针对性的预防性措施和补救性措施。

10. Evaluation(总结评估)

明确活动评估中过程评估与结果评估,阐明评估如何进行,如评估的内容指标、资料收集的方法、时间安排等。

2.3 社区活动方案程序设计

在确定社区活动方案策划思路后,社区工作者需要精心设计活动的具体程序安排,每一个环节活动的设计,对整个社区活动目标的达成有着密切关系。虽然每次活动时间不长,但它仍需有起、承、转、合的节奏。根据 Trotzer(1980)的模式,活动程序安排可划分为五个阶段,分别为热身阶段、准备阶段、工作阶段、升华阶段、总结阶段,据此安排相应的活动。如图 2-1 所示。

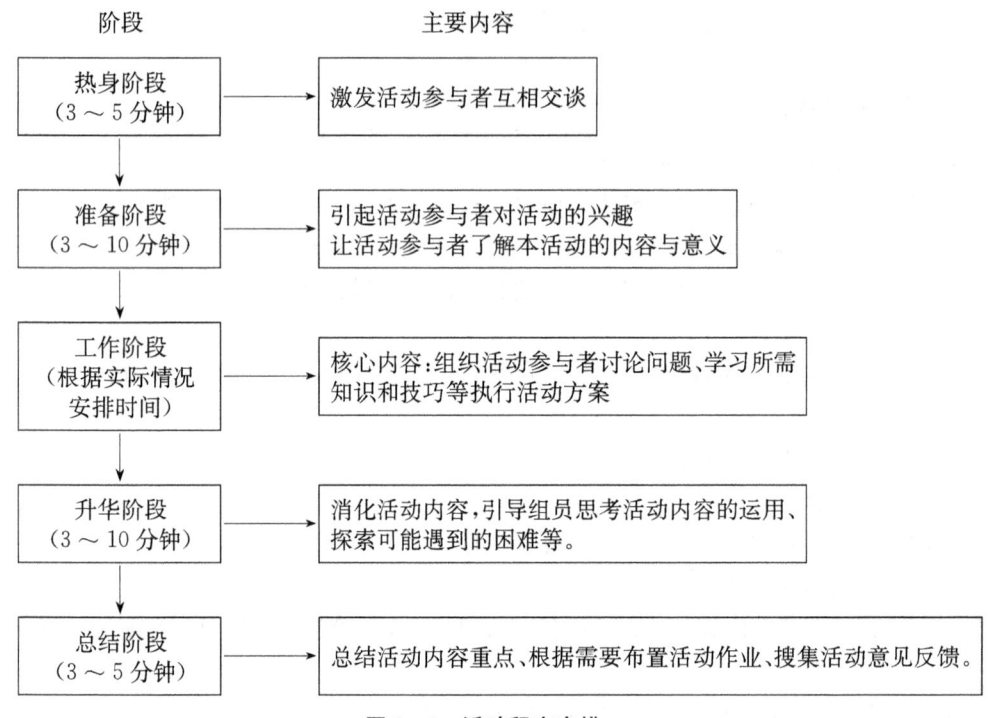

图 2-1 活动程序安排

1. 热身阶段

所谓"好的开始,是成功的一半"。社区工作者在每次活动开始时,建立轻松愉快的氛围,能提高社区居民或服务对象的兴趣。在活动开始时,社区工作者主动接触服务对象,简单介绍活动程序与一些需要留意的事项和规则,这些有助于减轻活动参与者的焦虑与不安。在热身阶段,工作者可以选择一些热身游戏来开场,增加服务对象之间和对工作者的认识,其目的在于增加彼此间的熟悉度,不一定与主题直接相关。热身阶段所用时间不用太长,一般 3～5 分钟。如"招牌介绍"通过填写工作纸中关于自己的介绍,有助于活动参与者介绍自己和彼此认识。"五毛和一块",拉近人与人之间的距离,使参与人员更快的熟悉起来,激发参与活动积极性。

2. 准备阶段

除了建立社区居民或活动参与者间的认识之外,社区工作者还要介绍本次活动的内容和意义,从而让活动参与者知道本次活动可以为他们带来哪些帮助或改变。为此,社区工作者可设计一些"引入主题"活动,如小游戏、小测验、主题讨论等。如在一个禁毒宣传教育的活动中,通过对毒品知识的小测验,了解活动参与者对毒品的认识,激发他们对活动内容的兴趣。或者通过毒品危害的主题讨论,引导活动参与者的参与,在总结活动参与者讨论情况后,社区工作者引导出本次活动的主题。这种方法,目的在于提高活动参与者的兴趣,了解本次活动的内容及意义。

3. 工作阶段

在准备阶段后,活动程序进入工作阶段,即社区工作者根据活动的目标,设计本次活动主要内容与形式,该阶段为整个活动环节的核心阶段。为达到活动目标,社区工作者根据活动主题与参与者特点等,对活动内容及形式进行多元化设计。如游戏、运动、电影、绘画、音乐、旅行、讨论、分享等。例如在禁毒宣传教育中,社区工作者可以安排VR体验、角色扮演、主题参观、小剧场、游戏、讨论等。一般来说,活动内容与形式越多元,对活动参与者的提升与成长越有效。

4. 升华阶段

在工作阶段后,社区工作者需要协助活动参与者消化所掌握的知识、技能等,并思考如何在生活中运用。社区工作者协助服务对象深化在活动中所得,引导组员思考并询问活动中所涉及的内容对他们是否有用?哪些是最适合自己和最有意义的?哪些用起来会存在着困难?同时社区工作者可以和他们一起讨论如何克服困难。通过这些方法有助于,加强活动参与者将所学习及体验到的内容在生活中的应用价值。如在禁毒教育宣传活动中,活动参与者学习并掌握了毒品知识,工作者可以通过分组讨论,引导他们总结出毒品的特点,运用"4F"法发现并思考将来如何识毒拒毒防毒。

5. 总结阶段

总结本次活动内容,搜集服务对象反馈意见。社区工作者可作简单的活动,协助服务对象总结本次活动所得。在该阶段,设计口头总结,或写下心得体会,都可以加深活动参与者对本节内容记忆,增加在生活中运用的机会。此外,社区工作者设计对应的活动环节搜集活动参与者反馈意见,为改善服务提供方向。如社区工作者分配每个活动参与者一张白纸或是反馈表,或是让活动参与者轮流讲出自己在活动中的意见和感受。

在大部分社区活动方案策划中,社区工作者可以通过使用上述五个阶段对活动程序环节进行设计,加强社区工作者对活动进展的管理。每个阶段的活动设计中,社区工作者根据实际情况进行灵活安排,如一个破冰游戏既可起到热身作用,同时能带出主题,这时社区工作者可灵活调整活动活动以达到活动目的。

2.4 社区活动方案游戏设计

游戏设计是社区活动程序安排中重要部分[①]。游戏作为一种重要工具,被广泛适用于小组服务和社区活动中。游戏不是单纯的玩乐,需要由工作者精心设计,创造性地运用到实务过程中,帮助其达到服务目标。通过参与游戏,帮助参与者获得欢乐,消除彼此隔阂,有利于建立关系,促使任务达成,更好地发挥参与者的潜能。结合社区活动的特点和社会工作的目标,社区活动游戏是经由工作者设计,创造性地运用到社区工作实务中,增进社区活动效果,促进居民互动,来达至社区活动服务目标的各类游戏。通过设计合适的游戏加深服务对象的体验、反思、整合、应用。游戏不是目的,而是达到目标的工具和载体。因此,社区工作者必须根据服务目的精心设计,方能达到助人作用。设计一个有趣又符合活动目的的游戏,

---

① 具体游戏介绍详见:项目五社区活动游戏。

需要经历了解社区需求、构思游戏内容、发挥游戏功能这三个阶段。①

1. 游戏的要素

构成游戏形式的要素,如游戏规则、游戏场地、道具、工作者、参与对象等。游戏内容主要包括游戏目标、沟通、示范、游戏活动。②

(1) 游戏规则

游戏规则是游戏者在游戏中关于动作和语言的顺序,以及在游戏中被允许和被禁止的各种行为的规定。通过文字描述,工作者和游戏参与者对游戏的具体方式和活动要求,以及具体操作程序具有清晰的认识。游戏规则必须被全体参与者所知道和接受,游戏才能正常进行。如"穿针引线"的游戏规则:六名或以上同学手拉手,圈挂在第一名同学手上。所有同学不松手,呼啦圈从第一名同学的左手出发,通过每个同学的身体传送到最后一位同学的右手。

图2-2 游戏"穿针引线"

(2) 活动场地

活动场地是策划方案中必须考虑的重要内容之一,也是游戏开展的重要场地。一个适合的场地可能会给游戏活动带来意想不到的效果。一般情况下,根据场馆的封闭程度、场地大小、公共性等可分为户外场地、室内场地、大场地、小场地等,具体特点不一样。

(3) 游戏道具

道具是游戏场景中装饰、布置、活动的可移动物件,能烘托和渲染游戏氛围。不同的道具可以发挥相似的活动效果,工作者可考虑道具的可替代性。如"珠行万里""解手链"等游戏都能训练参与对象发挥个人创造力及在解决团队问题方面沟通、合作精神的作用。社区游戏活动道具通常要求简单、方便,易于准备和操作,可直接选取生活中的物品。根据游戏需要,也可以在现有材料基础上进行改编或者创造性组合,改变物品原来的形态或组合形式,增强游戏效果。

(4) 游戏带领者

游戏带领者主要通过游戏活动的策划、准备,实施过程中创造沟通互动氛围等方式确保游戏的开展。首先,游戏带领者需要根据参与者特征和活动目的选择适切的游戏,熟悉游戏规则,操作过程及行为要求;其次,通过沟通、示范,有步骤地引导参与者完成游戏。选择恰

---

① 《团队游戏设计与运用(第五版)》,圣雅各福群会编著,汇智出版,2012.6.
② 《小组工作游戏集》,张霖编著,中国社会科学出版社,2015.1.

当的沟通形式,运用沟通技巧发展工作者与成员、成员与成员之间的良性沟通。向参与者清晰示范游戏规则及具体的动作要求。对于高危的游戏,必须清晰地示范及重点说明,必要时须反复示范。游戏准备、带领活动对工作者的组织能力和领导能力有较高要求。

（5）参与对象

社区游戏活动须充分考虑游戏参加者的特征,这是整个游戏取得成功的关键。须综合考虑参与者的性别、年龄、身体健康状况、接受程度、活动能力、组员同质性和异质性程度等。游戏的激烈程度和复杂程度也要充分考虑游戏参加者的特征。激烈且环节多而复杂的游戏对参加者的身体能力要求高,安静且环节少而简单的游戏则相对容易为参与人员接受。

（6）游戏目标

游戏目标是游戏带领者在游戏过程中实践的指导纲领,是游戏规则、游戏环节、游戏要素的核心,需要在游戏过程中不断地强化。在实务工作中,游戏本身不是目的,而是达到服务目标的工具和载体,是渠道和方法。因此,游戏带领者不仅要让参与者感受到游戏的趣味性,更要注重推进游戏目标的实现,这是游戏的灵魂所在。游戏活动是专业过程,"灌注了倾听、尊重、反映、影响、沟通、教育以及团队建设等要素,并变得具有治疗意义"(尚静,2012)。

2. 设计游戏考虑的因素

社区工作者设计游戏时,必须考虑游戏是否有助于活动目标达成,需要哪些因素的配合。一般情况下,社区工作者设计游戏时主要考虑以下六个方面的因素。

（1）游戏目的

游戏是帮助社区工作者达到服务目标的工具,游戏参与者通过游戏活动,体验团队合作、学习成长的乐趣。不同的游戏有不同的目的。如康乐性游戏能营造轻松氛围,让参与者感受快乐、娱乐身心；破冰暖身等促进关系的游戏能帮助参与者打破隔阂、互相认识；学习游戏通过角色扮演、模拟游戏等形式协助参与者学习某种概念、经验,刺激参与者的学习兴趣,最终受到启发。即使都是促进成员关系的游戏,也需要根据是建立关系还是深化关系,是促进合作还是建立信任等不同的目的而为社区提供适切的游戏类型。

（2）参与对象

活动选择时需要考虑参与对象的特点。因此,在设计游戏时,一方面要考虑参与者的能力要求,即游戏所要求的知识、技巧和态度,是否超乎参加者的能力。工作者可遵循以对象为中心,根据其能接受的步伐循序渐进安排游戏,否则,参加者会因其无力感而产生挫折感。依据参与者本身的文化水平、理解能力选择恰当的信息表达形式,如文字、图片、视频等,提升参与者的参与兴趣和学习效果。另一方面是参与者的风格特征。一般来说,年幼的儿童活动能力强,喜欢跑、跳游戏；青年人思维活跃,喜欢接受新事物,不太墨守成规、有挑战性的任务；成年人则偏好有一定掌控性的事物,如户外活动；老年人则不宜参与过于竞技性的游戏。渐入青春期的小学高年级学生不可有过早过多的身体接触；成人须循序渐进来习惯身体接触等。

（3）游戏带领者的工作能力

游戏带领者负责游戏活动的策划、准备、沟通及示范等具体工作,要求游戏带领者具有较高的组织能力和领导能力。因此,设计游戏时必须考虑该游戏对游戏带领者的能力要求如何？游戏带领者能否胜任？游戏带领者个人风格等。如,能否用文字清晰地向参与者充分沟通游戏规则、操作要求？对于难于用文字或者语言呈现的动作性信息,游戏带领者能否准确、熟练地示范操作要点等？所以，游戏带领者选择的方法，必须是他能应付自如的。在组织一项参与人数较多、任务难度较大的游戏或者应对突发情况时，还需要考虑整个团队的合作。

(4) 游戏道具

选择道具时要考虑游戏目的、道具的可获得性、场地大小、音响光线效果等具体条件。社区游戏活动道具可直接选取生活中的物品，也可根据游戏需要，在现有材料基础上进行改编或者创造性组合。如"大风吹"等游戏中使用的报纸等均为随手可取的生活材料。目前，市场上也有类似产品。如"珠行万里""呼吸的力量"等均可用于中大型分组游戏。

(5) 时间

游戏的执行是由一系列环节构成的。是否有足够的时间完成游戏体验？各个游戏环节的时间分配如何？引导参与者讨论需要预留充足时间，如果停留在表面的形式热闹而导致游戏拖沓或者仓促完成游戏，那么参与者就缺乏足够的时间去吸收和消化，影响游戏效果和目的达成。至于游戏编排，遵循先后顺序由浅入深，从简单到复杂，注意衔接顺畅，同时考虑方便物资、场地和其他安排。

(6) 游戏场地

适合的场地能保证游戏活动的顺利进行。环境的舒适程度、灯光、嘈杂程度会影响气氛，容易造成参加者的专注力及体力的消耗；高温而局促的环境会令人厌倦；儿童在较大的空间游戏时打闹混战较多，较小的封闭的空间则适合安静的游戏等。在实际社区游戏活动中，会根据参与者人数的多少、场地本身的条件进行灵活调整，选择屏风，或者控制部分灯光等形式对场馆进行灵活的隔断，吸引参与者关注任务等；户外游戏要注意环境安全情况，并需要界定游戏范围，用一些地线去设置场地，清楚且不同颜色的地线有助于指引人流、限制活动范围。

3. 游戏类型

根据不同标准可以把社区游戏分为不同类型。根据游戏参与对象分为幼儿游戏、儿童游戏、成人游戏、亲子游戏；根据游戏场域分为室内游戏和室外游戏；根据游戏规模可分为大型游戏、中型游戏、小型游戏等。根据社区工作需求和工作者经验，在社区工作实务中常见的有破冰暖身、相互认识、沟通交往、团队协作、培养信任、领袖培养、能力训练等游戏。

思考题：

某社区有许多双职工子女，大多数双职工父母，对子女暑假生活的安排感到非常烦恼，双职工子女在暑假期间会面临生活照料、学习、娱乐活动等诸多方面的问题，但是漫长的暑假父母都要上班，没有时间照顾、教导孩子。请针对该社区策划一份社区活动方案。

项目三 社区活动组织

案例导入

小明刚到社区工作不久,居委会主任安排小明15天之后在社区开展一场庆贺中秋的活动,小明需要从哪些方面着手开展本次社区活动呢?

3.1 社区活动的组织过程

社区活动的组织是指社区工作者落实活动策划方案、协调各方资源,发动社区居民参与从而达致活动目标的过程。可根据社区活动开展的时间进度分为筹备阶段、开展阶段和结束阶段。在不同的阶段,社区活动组织工作的重点各有侧重。

一、活动筹备阶段

筹备阶段主要进行的是人、财、物的配置以及活动的宣传和推广工作。

人力配备方面,要确定社区活动开展所必须的社区工作者数量。如果需要志愿者协助,还需要确认志愿者的数量、志愿者岗位并做好志愿者招募、培训等相关工作。

经费筹措方面,要确定社区活动的资金来源。如果资金由机构提供,则需要依照机构的资金申请流程向机构申请活动资金。如果机构没有充分的资金支持,还需要通过拉企业赞助、与其他单位合作等方式争取外援。

场地安排方面,要提前踩点,确认活动的场地大小,提前做好场地布置,包括悬挂活动宣传横幅、摆放好活动桌椅等;了解活动场地的灯光、音响、麦克、电脑、投影仪等设备的配置情况、是否能正常使用等。

活动宣传方面,要清楚活动的目的(why)、参与活动的目标群体(whom)、活动的主题及基本流程(what);知晓活动开展的时间(when)和地点(where),确定宣传的路径(how),制作宣传海报,通过居民微信群、qq群、社区公共空间宣传栏、微信号、微博等形式多样的宣传策略和方法招募社区居民参与活动。

二、活动开展阶段

社区活动开展阶段主要的工作是进行预算管理、时间进度管理、服务品质管理、士气激励和提升。

预算管理。本着节约和量入为出的原则,对活动的总投入(含活动的预算、社会的捐赠、服务收费等)以及活动过程中的所有开支进行记录,包括场地租金、宣传品印刷费、活动道具和材料费、纪念品费用、游戏奖品费用、志愿者的误餐补贴、交通补贴及其他杂项等,确保收支的平衡。

时间进度管理。通过甘特图等方式合理安排活动推进过程中的各项工作,对整个活动安排进行期限管理,社区工作者对整个活动的进展安排做到胸有成竹。另外,活动开展当日的程序安排也需要进行时间进度管理。根据社区活动计划书的时间安排有序推进,避免前面环节拖沓冗长,后面环节仓促结束的情况。

服务品质管理。是指社区工作者对活动的可信度、及时性、保证度、同理心以及设施设备进行管理,以确保服务的质量。

士气的激励和提升。这里是对提供活动的社区工作者和志愿者的激励和士气的提升,主要目的是增强其成就感,让他感觉自己工作和付出是有价值的,具体的方法是通过口头的表扬形式公布每个人的工作进展和成绩,通过光荣榜等形式,表彰优秀社区工作者和优秀志愿者的工作成绩。

三、活动结束阶段

活动总结。活动结束后,需要对活动进行评估,通过开展活动满意度调查、收集活动参与者的意见反馈等,对整个活动过程和成效进行梳理和反思,总结活动开展的经验和教训,为之后的活动开展提供借鉴。

志愿者表彰。活动组织过程中有志愿者参与的,需要对志愿者的表现进行总结与反馈,组织志愿者对参与志愿服务的体验进行分享,了解志愿者在服务过程中的困惑和心得,欣赏志愿者在活动过程中的奉献和付出,以加强志愿者团队建设,促进志愿者服务品质的提升。

文书归档。活动一结束,需及时撰写活动总结,并将活动所涉及的系列文书按照文书管理要求进行归档。包括活动策划书、活动总结报告、活动的海报、活动的新闻稿以及活动过程中的服务产出,如手工产品、书画等。

经费报销。熟悉机构的财务制度,了解经费使用和报销审核的程序,活动结束后尽快处理经费报销事宜,保证后续其他活动的经费使用。此外,要及时公布合作方赞助资金、服务收费资金的使用开支情况,透过财务透明增强活动的公信力。

3.2 社区活动的志愿者招募

志愿者招募是社区活动筹备阶段的重要工作内容。社区活动中志愿者招募是指社区活动组织机构根据活动目的和活动要求,把符合活动特点、能力要求和其他特征的申请人吸引到社区活动中,以满足社区活动的人力资源需求的过程。志愿者招募和选拔流程如图3-1所示:

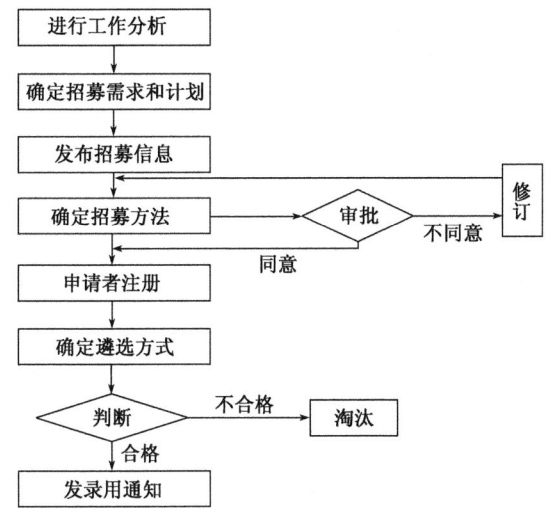

图 3-1 志愿者招募与选拔流程图

1. 志愿者工作分析

志愿者工作分析包括志愿者的工作描述与任职说明。志愿者的工作描述,是指工作岗位要求志愿者完成的任务及其职责,志愿者岗位的设置必须符合活动目标的要求。志愿者的任职说明,是指志愿者为适应工作岗位所需具备的知识、技能和能力。岗位说明书是记录工作分析结果的文件。一份合格的志愿者岗位说明书包括以下内容:

(1) 岗位的名称和需要承担的义务
(2) 与岗位相关的酬劳安排
(3) 与活动管理组织内外其他岗位的关系
(4) 岗位所需要的资格

2. 志愿者招募公告

明晰了志愿者的岗位和任职条件后,就需要开展志愿者的招募。拟写志愿者招募公告是做好招募工作的重要组成部分。一份完整的志愿者招募公告通常包括以下内容:

(1) 简单介绍志愿者组织的使命和背景
(2) 详细描述志愿者活动
(3) 详细介绍工作情况
(4) 明确应募者需要准备的材料
(5) 注明应募的方式和联系方式

撰写志愿者招募公告需要保证信息的真实合法、表述清楚简单、注明志愿者在志愿服务中的收获;标注招募的志愿者组织名称;对志愿者的承诺不要超出组织的能力范围。

烈士陵园义工服务站义工招募

【服务时间】
2018年12月14日—28日,每天上午8:30—12:00,下午13:00—17:00(请自行选择服务时间)

【服务地点】
1. 广州起义烈士陵园义工便民服务站(广州市中山二路92号,义工服务站位于正门入口左侧)
2. 广州起义烈士陵园北门
3. 广州起义烈士陵园东门

【服务内容】
1. 便民服务,为广大市民提供各类问询、简易医药箱、轮椅借用等服务;
2. 义务讲解,为广大市民介绍园区资源、景点信息;
3. 文明倡导,为广大市民提供文明引导、公益宣传等志愿服务;
4. 卫生保洁,向广大市民倡导公共环境卫生清洁,维护公共环境秩序。

【服务安排】

时间	工作	具体安排	备注
8:30	签到	1. 所有义工到达正门服务站后,义工组长负责签到工作 2. 义工穿戴义工马甲 3. 所有义工分别到达不同的服务地点 4. 整理和摆放宣传物资 5. 义工组长检查各项便民设施并进行记录	所有义工先到正门便民服务站集中签到,再各自到服务点开展服务
8:30—12:00	开展义工服务	1. 开展各项便民服务 2. 及时记录市民建议及需求	服务过程中义工可根据身体情况轮流休息
12:00—13:00	午餐、午休	义工组长安排好各义工轮流午餐及午休	义工补贴含交通费及餐费
13:00—17:00	开展义工服务	1. 开展各项便民服务 2. 及时记录市民建议及需求	服务过程中义工可根据身体情况轮流休息
17:00	服务结束	1. 将所有物资整理好并按原位置存放,并记录物资情况 2. 自觉做好服务站的环境卫生清洁工作 3. 义工组长将今天总体服务情况反馈给工作人员	工作人员根据实际情况补充物资或跟进服务

【报名须知】
1. 维护义工服务形象。统一穿着义工马甲,态度热情,礼貌待人,展现出良好的义工服务形象。
2. 保证服务到岗。守时及紧守工作岗位;中途轮流休息,保证有人在岗。

3. 宣传方面：遇到媒体记者采访，建议不随意作答，礼貌建议其采访烈士陵园相关工作人员。

4. 服务方面：微笑、友善及有礼、热诚及主动；如遇市民查询，请耐心解释，如无法解答请建议其致电烈士陵园管理处或义工联相关工作人员。

5. 餐食方面：自行解决，义工补贴每人30元，已包含交通费及餐费。（留意身体状况，适时补充水分和能量）

6. 服务安全方面：注意人身安全，有突发情况及时联系义工组长和义工联工作人员、烈士陵园管理处；应尽量避免单独行动，以便互相照应。

7. 天气方面：请留意天气变化，做好防晒工作，可自行到服务站内躲避。如有不适，请及时休息和求助。请自备雨具、防晒用品、食品、药品等个人所需物品。

8. 其他。本次服务已配备义工马甲、帽子、水、午餐等必备物资；由于现场不设保管区，尽量不要带大型背包或贵重物品；保持通讯顺畅，以便随时联系。

报名链接请点击：https://jinshuju.net/f/vVTtgS

信息来源：广州市志愿者协会网站　http://www.gzvu.org.cn/vu/service/recruiting/2018/1220/1307.html

3. 志愿者招募方法

（1）暖身招募

这种方法适用于短时间内需要大量自愿者或对招募对象专业性要求不高，不需要特别的资格认证，只要简单培训大多数人都可以完成工作的情况。常用4种方式进行暖身招募：散发机构宣传品、张贴招募启事；利用大众传媒——电视、广播、报纸和公告进行宣传；组织社区成员开会宣传；口头宣传。

（2）目标招募

通常用来招募具有特定技能的志愿者或者具有特定心理特征的人，一般结合社区活动主题及需求招募特定志愿者。

（3）同心圆招募

通过志愿者推荐或介绍亲友加入。这种招募方式成本较低，简单有效，是常见的志愿者招募方法之一。

宣传工具的优缺点比较

宣传工具	优点	缺点
报刊/电视/电台	能在短时间内广泛地将信息传递给各层面人士；能简明扼要地突出重点；可以运用不同的表达及设计效果，如用色彩、声音、故事等手法将信息传递出去；具有吸引力及说服力	因宣传局限于某一时段而使传递的内容受限；不能控制特定的宣传对象接收信息；如要达到最佳效果，制作费用会比较昂贵；若要得到赞助或免费提供宣传，时间和空间可能受到对方限制
海报/宣传单	可给人留存或起长期的宣传作用；能记载详细内容；能直接向宣传对象宣传，如可通过邮寄或张贴于宣传对象经常出没的地点等；以特别的设计效果吸引招募对象，如彩色印刷、巨型海报	吸引性职能维持时间短；须人工派发、张贴或邮寄；必须配合潮流及创意才能产生吸引力；受地域限制；如需达到最佳效果，制作费用将十分昂贵，如彩色印刷、制作巨型海报等

(续表)

宣传工具	优点	缺点
讲座	直接讲授;同时向多名特定的宣传对象传递信息;能见到实时反应并听取意见;邀请专业人士讲授,有助于参加者掌握服务技巧	宣传对象人数有限;人数越多,演讲形式越偏单向性;须租用合适的场地,如座位数目、配套设施等;有关费用亦会提高,如特约演讲人费用
举办志愿者招募会	集中资源及时间进行宣传;有充足时间进行宣传并予人考虑报名时间;实时办理志愿者登记及面试手续	准备时间长;需要投入大量宣传才能达到最佳效果;可能阻碍报名的热忱
运用互联网及电子邮件	传送快速;传送过程成本低;可以一次性传递给大量宣传对象;可以详列服务性质、内容,并交流志愿者服务心得	如电子邮箱地址输入错误或有关电子邮箱服务停止,则不能传递信息;受制于收件人是否会读取邮件;需要经常更新网页内容
展览板/墙报板	可摆放不同地点;可重复使用;可详列具体内容;色彩、文字可多样化	受到区域限制,未必有足够的空间摆放;须支付租借场地及运输费用;设计形式须新颖;途经路人未必是宣传对象;不能灵活变更数据内容
口碑相传	具说服力,尤其是在朋友之间影响力较大;成本低	不能保证传播内容是全面的,甚至传播过程中容易出现误传;不能控制是否到达特定宣传对象
通信栏/专栏	能传至特定的对象;能掌握宣传时间以便早做准备;可传阅及随时翻阅;成本低	信息受篇幅限制;要预先供稿;不能灵活变更活动内容
开放日/服务参观	同一时间可向公众宣传;让人亲身了解组织工作内容及环境;可用多元化的形式做介绍	只限一天至两天时间宣传;预备工作及资源投入很多,并需要周详地安排;参加者未必是宣传对象

资料来源:中国香港义务工作发展局。

上表内容转引自:王忠平.志愿服务管理理论与实务.北京交通大学出版社,2018年8月.

3.3 社区活动的资金募集

目前,社区活动资金大都来源于政府补助或者依托政府购买的社会工作服务项目,没有充分调动民间资本参与社区建设。提升社区工作者的筹款能力,通过开展活动筹集资金,发动更多社会力量关注社区建设或社区活动所聚焦的议题,是社区工作者们努力的方向。

一、资金募集面向

除了争取政府的支持外,目前社区活动策划者募集资金主要面向:

1. 企业

乐善好施、扶危济困是中华民族传统美德。随着公益事业的发展,企业投身公益已成为一种新风尚,将慈善公益理念融入企业文化,不仅能更好地履行社会责任,也在公益服务过程中培养了企业员工的志愿精神和责任担当,并将最终转化为企业的资源和核心竞争力,推动企业可持续发展。

1 600份健康呵护包送往湖北的她们手中……

2020-02-29 20:08 来源:大洋网

2月28日,1 600份装有慰问卡以及紫外线消毒干衣盒、肩颈按摩仪等各种女性用品的"健康呵护包"统一装车,由广东邮政第一时间送往1 000公里外的广东赴鄂女医护人员和女新闻工作者手中。

据了解,广东省妇联、省卫健委、省妇女儿童基金会今日联合开展"您的健康我呵护"——2020年广东省"三八"妇女节关爱赴鄂女医护人员活动,为广东医疗队的女医护人员和女新闻工作者送上来自"娘家"的祝福和"健康呵护包"。

广东赴鄂医护人员里六成是女性

根据国家卫健委要求,自1月24日除夕夜派出首批医疗队,广东省目前已组派了24批共2 461名医生护士,组成广东支援湖北疫情防控医疗队(以下简称广东医疗队)驰援湖北应对新型冠状病毒性肺炎疫情。

据统计,在全国各地向湖北派出的医护人员队伍中,广东医疗队出发早、人数多,其中女性占比近六成、人数近1 500人。

打开"健康呵护包",内有一封非常特别的慰问卡,可以让贴身衣物每天烘干消毒的紫外线消毒干衣盒;有预防和治疗压疮的水凝胶敷料;有缓解疲劳的肩颈按摩仪和蒸汽眼罩……

1 600个紫外线消毒干衣盒的采购过程尤其曲折,在了解到前线天气潮湿,衣物特别是内衣晾晒不便无法消毒后,省妇联确定采购紫外线消毒干衣盒,面对各大销售平台库存不足,省妇联直接联系厂家,厂家全程手工装配,并发动所有人员包括产品设计师都上生产线通宵达旦进行装配,终于顺利交货。

"您的健康我呵护"关爱活动还将为广东赴湖北男医护人员的女家属也送上一份精心准备的节日慰问卡和"健康呵护包",内容包括杀菌暖被烘干机、养生炖盅等礼物,实现对赴湖北2 461名广东医疗队员关爱服务全覆盖。

各方发力,为一线医护人员守好"小家"

据了解,本次活动还得到各方支持,碧桂园集团、国强公益基金会,在关爱广东医疗队员家庭的公益活动捐款400万的基础上,再捐赠物资、资金共计100万元。唯品会公益金负责部分物品采购和捐赠水凝胶敷料400盒,广药集团捐赠1 600个中药香囊,广东邮政为慰问品的寄递服务给予支持和保障。

同时,省妇联将持续开展"您家的菜我来送""您家的活儿我来干",为医护人员排解后顾之忧。截至2月26日,已为1 900多名队员配送了6批共9万多斤的蔬菜和杂粮,共计1.47万箱,服务家庭6 431户次。还有,2月29日起启动肉类冷链配送,不断丰富前方队员家庭的菜篮子。

与此同时,全省各级妇联开展"一对一"或"多对一"直接联系服务,1个地市妇联对全省30家定点医院的抗疫一线医务人员家庭开展了送菜、送饭、送水果等服务。还根据医护人员家属实际需求,在生活采购、家政服务等方面提供服务。

广州日报全媒体文字记者　黎慧莹　通讯员　粤妇宣
广州日报全媒体编辑　王　典

2. 基金会

在《世界基金会指南》中,基金会是指一个非政府非营利的组织,它有自己的资金,由其受托人或董事管理,旨在资助教育、慈善、宗教等社会公益事业。我国《基金会管理条例》认为,基金会是指以从事公益性事业为目的,利用社会各界捐赠的财产成立的非营利性法人。数据显示,2019年我国基金会数量为7 580个。其中,公募基金会数量为1 910个,非公募基金会数量为5 670个。随着基金会的逐步发展和完善,基金会的筹款能力不断加强,社会的捐赠总额正大幅上涨,如2019年底的突发疫情为例,短短五天,社会捐赠额就高达25亿元。[1] 因此,了解基金会的发展使命和愿景,结合基金会的项目进行活动策划,争取基金会的资金支持,也是社区工作者在筹款工作中的重要面向。

壹基金持续助力罗湖区社区应急志愿者救援队注入更专业的防灾减灾力量

2020年11月30日

(2020年11月26日,深圳)2020年11月26日,深圳市罗湖区社区应急志愿者救援队项目——笋西社区项目总结暨文华社区项目启动仪式在罗湖体育馆举办。罗湖区政协副主席高金德、罗湖区政协副主席罗安娜、罗湖区应急管理局副局长陈跃、罗湖区政协秘书长徐安庆、深圳壹基金公益基金会秘书长李弘及相关部门工作人员共同参与了启动仪式。

社区作为城市最基层的单位,在灾害来临时社区的防灾减灾能力将直接决定社区的受灾情况。如何更有效地构筑韧性社区显得尤为重要。2019年罗湖政协委员公益基金、深圳壹基金公益基金会(以下简称壹基金)开启"罗湖区社区应急志愿者救援队"项目,旨在提升社区应急事件处置能力,进一步推动全社会对社区应急处置能力的关注。

今天,"罗湖区社区应急志愿者救援队"项目在黄贝街道文华社区落地。文华社区应急志愿者救援队从今年6月开始经过前期走访调研、制定方案、开展培训,最终组建成一支由社区分队和边检分队的队伍,每队各30人。文华社区应急志愿者救援队的组建,让社区居民自救互救机制得以建立,让社区防灾减灾工作有了新抓手,这意味着黄贝街道的社区应急救援力量将得到进一步的充实,社区宣传动员能力将得到进一步的加强,社区应急救援工作将得到进一步的提升。

今年,笋西应急志愿者救援队建设进入第二年,这是社区灾害风险管理更高水平的一个开始。2019年7月25日,笋西社区应急志愿者救援队正式成立,得到了笋岗街道党工委的大力支持。一年来,得到壹基金提供的专业技能培训,笋西社区应急志愿者救援队从零起步,制订应急预案,强化应急演练及宣传,开展初级救护员认证,完善基础建设,参与社区日常风险管理及突发事件应对,助力社区成功创建2019年度"全国综合减灾示范社区",成效显著。2020年年初,救援队在社区党委领导下,积极开展社区抗疫服务,包括防疫知识宣传、小区出入口体温测量及消毒、隔离群众生活服务、居民信息申报以及社区企业复工情况排查等工作,在社区抗疫工作中发挥了重要作用。

---

[1] 数据来源:智研咨询发布的《2021—2027年中国基金会行业市场运行状况及发展前景预测报告》https://www.chyxx.com/industry/202011/910977.html。

启动会上,笋西社区党委书记、笋西社区应急志愿者救援队队长何康熙向大家汇报了笋西社区应急志愿者救援队的情况:项目启动至今组建了1支由社区志愿者组成的社区应急救援队,分别是由辖区的大型重点企业构成的企业分队模块,大型物业组成的物业分队模块,居民、志愿者、党员及社区工作人员组成的社区直属分队模块;队伍的能力建设以应急技能培训为主,同时抓宣传,传播"自救""互救"理念,提升救援意识;重实操,增强各企业、物业单位及社区间的联动。一年项目期结束后,将依托因社区志愿救援队而孵化成立的笋西社区志愿者协会,通过社区党委的支持,进一步推进社区安全教育,为城市治理体系和治理能力现代化提供更多有益借鉴。

壹基金秘书长李弘说:"这个项目是壹基金安全家园计划的重要内容之一,笋西社区作为壹基金安全家园计划第一个特大型城市的项目试点,在过去一年多的时间里能顺利落地并取得初步成效得益于项目各方的共同努力,是政社协同的成功案例。项目实施中秉持'人人公益'的理念,在社区培育的应急志愿者救援队,不仅是项目受益人,也是社区第一响应人。他们是企业员工、小区物业员工、社区工作人员、普通热心市民……身份虽然不同,但都是笋西社区的常驻居民,社区发生任何突发事件,都跟他们及他们的家人息息相关。最后,项目支持社会组织及专业社工长期入驻社区,推动并陪伴应急志愿者救援队的成长。社会组织的服务在打通社区防灾减灾最后一公里的问题上发挥了重要作用。"

罗湖区政协副主席高金德表示:"笋西社区项目助力罗湖成为深圳首个社区力量参与应急救援的区域。今年文华社区启动并组建第二支社区应急志愿者救援队,希望能调动社会力量共同尝试社区居民自救互救机制建立的探索,共同完善社区应急救援体系的构建。深圳作为超大城市,作为先行示范,在城市治理手段、治理模式、治理理念上不断创新,而罗湖区社区应急志愿者救援队正是社会治理、城市治理的有机衔接。"

该项目由政协深圳市罗湖区委员会指导,罗湖区应急管理局、罗湖区黄贝街道办事处、罗湖区笋岗街道办事处、文锦渡出入境边防检查站主办,深圳壹基金公益基金会、罗湖政协委员公益基金承办,深圳市罗湖中财投资发展公司、深圳市南山区南风社会工作服务社、深圳市公益救援志愿者联合会、罗湖区笋岗街道笋西志愿者协会为该项目提供支持。主办方希望未来已落地的项目在社区风险管理持续迭代发展,同时好的项目经验和模式也能推广到更多的社区,为建设美丽安全的深圳做出贡献。

以上资料来源:壹基金官方网站 http://www.onefoundation.cn/index.php?m=index&a=index

3. 个人

社区工作者通过各类社区活动搭建起社区居民互动的桥梁,也在社区活动中传达温暖和关怀。发动社区居民捐款,帮扶社区中的困难家庭,或为解决社区中的公共问题奉献自己的力量,有助于促进形成邻里和睦、守望相助的和谐气氛。

社区风采 | 人间自有真情在,爱心捐款暖人心

2020-06-23 19:46

今年7月1日是中国共产党成立99周年,为迎接党的生日,火三社区党委积极响应上级党组织号召,组织开展"共产党员献爱心"捐款活动。

当前正值疫情期间,为了不造成人员聚集,社区党委在火三党建微信群里发出号召,取消会议形式,采取个人前来和党员网上微信转账相结合的方式进行捐款。通知一经发送,得到了社区党员的积极响应,一个个承载着爱心的微信红包开启了刷屏模式。杜丽花、张桂银、高德平、张志刚、杜凤英、万良建、张光焖等同志历年献爱心捐款都抢在前面,今年闻讯后也是第一时间参加了捐款。2天的时间,已经有50余人进行了捐款。目前,捐款活动还在持续进行中……在此次活动中,74岁的高龄党员张贵荣一定要捐出3000元,在网上捐款党委觉得太多未收的情况下,又特意来到了办公室。张阿姨动情地说:"我年纪大了,不能为社区做些别的贡献了,政策好我们都有退休金,我拿出一部分也是取之于民、用之于民。"社区党委工作人员劝说张阿姨:"您年纪也大了,保重身体。爱心我们收下,但钱不用这么多。"张阿姨坚持说:"放心吧,捐出这些钱对我的生活没有影响,疫情期间这也是我的一份心意,一种支持。"

"共产党员献爱心"捐献活动是广大党员发挥先锋模范作用、体现党的先进性、弘扬中华民族扶贫济困传统美德、展示社会主义核心价值观的特色活动。这一笔笔善款,凝聚着辖区党员们的深情厚谊。社区党委书记表示,疫情无情人有情,在这个特殊的时期,党员在疫情防控决胜之战中贡献着自己的绵薄之力,也用自己的实际行动践行着初心使命。

点滴爱心,传递真情。你们的爱,令人动容。在此,对每一位献出爱心的党员衷心地道一声:谢谢!

信息来源:火三社区,https://www.sohu.com/a/403747161_120057036

二、资金募集方法

1. 组织、举办筹资活动

筹资活动的形式丰富多彩,常见的有社交活动,如捐赠物品拍卖会、义卖会、展览会、慈善晚宴、沙龙、周年庆典、年度劝募活动等;文艺演出活动,如慈善音乐会、舞会、文艺晚会、时装表演、电影首映式等;体育活动,如慈善慢跑、趣味运动会等;特别事件活动,指组织透过特殊事件的安排,以引起社会大众对其组织或议题产生关注。

2. 企业冠名

随着企业社会责任意识的增强,越来越多的企业愿意加入公益事业行列,企业将销售收入的一定比例拨出作为公益活动的赞助基金;或与社区服务机构共同发起服务项目,通过企业冠名等形式给活动提供资金支持。

3. 名人效应

邀请社会知名人士参与活动,作为活动嘉宾、活动大使、活动代言人,借助知名人士的影响进行活动的宣传和筹资。

4. 设立专项基金

没有公募资格的社会服务机构,可以在有公募资格的基金会或者慈善组织下面设立一个专项基金。这个专项基金可以按照资助方的意愿使用一定经费。除了可以接受特定资助方的捐赠外,也可以向社会公开募集资金,扩大专项基金的来源。

5. 网络筹资

随着互联网和信息技术的快速发展,利用数字传媒工具进行宣传、筹资,已成为新型筹资方式。具体来讲,可利用的筹资工具主要有:互联网,利用民政部批准的网络捐赠平台发布社会服务机构的项目信息和筹资宣传广告,可实现在线实时募集资金;电子邮件,即向筹资对象发送电子邮件,请求对方资助;立体和平面传媒,通过在电台、电视台播放公益广告、宣传片以及在报纸杂志上发布筹资信息、刊登项目故事,争取社会公众对社会服务机构进行资助。

6. 私人恳请

筹资人可以利用亲戚、朋友、熟人等私人关系,通过沟通交流、表达需求、请求帮助,说服潜在资助方进行资助。

7. 电话劝募

组织志愿者在紧凑的时间(通常2~4周)内,根据联络信息,如会议的参会名单、以往组织的热心群众名单等,密集进行电话拜访。通过这种方式,传达组织宗旨或者近期活动讯息。这种方法相较而言成本较低,尤其是运用志愿者的成本就更低更有效,因为潜在捐款人对于和志愿者交谈通常感到较为舒适,并认为他们也是为慈善事业付出时间参与劝募,而不是为了赚钱而打电话。

8. 沿街劝募

这种方法主要被那些新成立、小型或较不为人知的机构采用,是直接将服务活动或服务成效呈现给大众,并请求捐赠的一种劝募方式。这种劝募的效率比较低。

如何寻找和确定潜在的资助方

(一)筛查潜在资助者信息

要想筹资,首先要寻找和确定潜在资助者。在寻找和确定潜在资助者的时候,需要了解以下一些信息:

第一,资助者的使命、远见、理想以及捐赠意向。也就是说要知道资助者对什么样的项目、什么样的服务对象感兴趣,要了解其资助的意愿和关注的领域。

第二,资助者以前曾经资助过什么样的项目。如果机构的项目跟资助者以前资助过的项目在使命等方面存在一致性的话,那么得到资助的可能性就会增加。

第三,资助者的资助能力。如果机构提出的资助要求超过了资助者的能力,可能会失败。

第四,资助者对项目申请书的内容、格式以及时机的要求。资助方有规定的申请书模板和格式的,就按照要求填写。没有的话,可以按照规范的申请书模板填写。要在资助者规定的时间内递交项目申请书。

第五,资助者决策的程序。不同的资助方的决策程序是不一样的,有的是由理事会讨论决定,有的是由专门的决策审批委员会讨论决定,也有的是机构的秘书长、主任就可以决定。为了提高筹资成功率,机构需要对资助者的决策程序有一定了解。

第六,什么时候开始跟资助方联系。一般来讲,一家基金会或者一个大中型企业的CSR部门,每年的资助计划在年初就已经制定和落实了,如果一个本身很好的项目在八九月份提出申请,就可能很难成功,因为资助方的资金已经安排结束了。

社会服务机构可以通过网络、平面媒体、圈内人士介绍或者理事会的支持等获得以上资助方的信息资源。

(二)了解资助者可以资助什么、资助多少

除了资金、物资、设备、场地等,资助方还可以向社会服务机构提供服务、人力和知识产权、股权等支持。比如会计师事务所为社会服务机构提供免费的会计服务就是服务支持,企业为社会服务项目提供志愿者支持就是一种人力支持。

要了解资助者可以资助多少资金、物资、服务支持,可以从以下方面着手:

一是资助者过去实际资助的金额。不同资助者的资助能力和资助的金额是不一样的,了解其过去实际资助的金额,对机构合理确定申请资助的金额是很有好处的。比如一个资助者过去单笔资助额最多20万元,那么机构在申请资助的时候,一般来讲金额不要超过20万元。

二是资助者提供的资金是全部还是部分。有时候资助者希望社会服务机构能够自己争取一些资金,如果自己能够解决好配套资金问题,对获得资助将是有好处的。

三是资金是如何拨付的。不管是资助者的资助还是政府购买服务,资金一般是分三次拨付的:合同签订以后,先拨付50%;项目中期评估结束以后,拨付30%;还有20%的尾款,等到项目全部结束以后,经过评估、审计,再按照资金实际使用情况进行拨付。了解资金的拨付办法,可以使机构在资金使用方面有所准备,以免发生影响项目实施的情况。

(三)哪些因素影响资助的获得与否

资助者是社会服务机构的重要支持客户,通常需要满足他们的需求,才能得到资助。影响资助的主要因素有这样几个方面:

首先是机构的公信力如何及使命是否清晰、明确。这两方面内容在前面刊登的文章中有专门论述,在此不再赘述。

其次是机构的能力、业绩及申请项目的可行性、创新性。机构过去在做项目中有哪些业绩,是资助者非常关注的。一般来讲,资助者都喜欢创新的、可行性强的项目。

最后是预算合理,财务的公开透明和规范。一个机构的项目经费预算合理,性价比高;资金的使用规范、透明、公开,能够真正按照资助者的意愿去使用经费,这也有助于得到资助者的支持。

当然还有其他一些因素。比如有的资助者希望能够有必要的宣传,以扩大其社会影响力,也有的资助者希望资助的项目能够为员工提供参加志愿服务的机会,促进企业文化建设。

要做好筹资,还需要做很多的工作。比如要筹款一定要主动提出,要多花一点时间跟资助者交流和沟通,要让资助者能够及时地了解项目的进展情况和项目的成果等。

资料来源:徐本亮《中国社会工作》2018年15期

3.4 社区活动的宣传

信息化时代,运用包括网络在内的传播媒介进行社区活动的宣传,是一项重要策略。为了做好活动宣传工作,需要提前了解如何与传媒工作者合作开展工作。

一、制定媒介策略,发展媒介关系

社区媒介策略是指社区工作中运用传媒扩大社区影响的一整套方针和部署。由于每个社区状况不同,工作策略和重点不同、存在问题不同、与传媒的关系不同,因而也会有不同的媒体运作策略。通用的方法有:

1. 搜集传媒工作者的资料。留意不同媒介对组织关注事件的编辑、记者;通过熟人介绍媒体工作者,主动接触。

2. 整理一份清单。内容包含不同传媒机构可运用的版面和节目,包括这些版面和节目的主编、编辑、记者名单、通讯方式,用电脑整理好,随时更新。除此之外,可按不同关注类别、出版方式、性质等加以分门别类,这样可使接触更有步骤及重点。

3. 发展与传媒关系。与传媒工作者进行初步接触。可以书面/小册子的方式介绍自己的机构,并留下联系人姓名、联系方式,为日后联系做好准备。发展与媒介的关系因工作的计划取向和手法阶段不同而不同,大体上有下列几方面的工作,一是要注意和了解传媒以及传媒工作者的工作情况,二是尽可能采用当面拜访的方式;三是主动介绍自己,宣传自己;四次表示对沟通工作的兴趣;五是关注传媒工作者的工作及其感受。

二、策划新闻事件,吸引传媒报道

要吸引媒体报道,需要关注事件的新闻价值。因此,吸引媒体报道需要有精心地策划,体现事件的"新闻性"。一般来说,具有新闻性的事件,具有以下特点:

1. 涉及的人数众多,与大众有直接关系
2. 事情非同寻常
3. 与著名人物或重要人物相关
4. 有新的或权威的发现
5. 事件主题契合当前热点话题
6. 事件有人情味和独特性

三、运用媒介的途径和技巧

媒体的运用可以有多种途径,在活动中采访报道,召开记者招待会、人物专访、事件特写,都可以达到宣传及扩大影响的目的,下面介绍几种常用途径:

1. 邀请记者报道与新闻稿撰写

为了突出事情的重要性、扩大影响,在举办一些社区活动时,亦有记者出席采访,为了控制以及吸引读者,可以口头或书面的形式联络媒体,便于安排人员和物资设备进行采访。通常在邀请记者的时候,应该告知下列事项:单位或机构名称、简况介绍、组织的活动名称、背景和主要内容、预计效果、独特性、重要性,活动的主要议程、安排、时间、地点,是否有重要人物到访、联系电话,传真电子邮件等等。

2. 举办记者招待会

记者招待会也称新闻发布会,是社会服务机构为公布重大新闻或解释重要方针政策,邀请新闻记者参加的一种特殊会议。社区工作者可以利用记者招待会形式,有组织地广泛传播各类信息,吸引新闻界客观报道,搞好媒介关系。其信息发布的形式较正规,且有高规格的特点,在促进社会服务和新闻界之间的双向沟通,促进双方合作方面发挥积极作用。

召开记者招待会需要进行的准备工作包括:一是会议的必要性研究;二是确定会议主题;三是确定邀请记者的范围;四是选定时间和地点;五是选定主持人和发言人;六是根据主题准备各种材料;七是做好会务工作,包括发请柬、布置会场、检查设备配置、确定会议程序等;八是必要时安排参观或会后举行茶会、酒会、便餐等招待活动;九是做好经费预算;十是做好会议效果的评估工作。

3. 接受媒体访问

为了扩大自身的影响范围,宣传政策和经验,可以应邀或主动设计一些采访。为了保证效果,事先准备工作很重要,这些准备工作包括六个方面:

(1) 了解采访会的呈现形式以及影响度。在何种媒体上以什么形式呈现?是电视、电台还是报刊?是专访还是新闻片段采访?播出时间或刊发版面如何?

(2) 收集有关资料。如统计数字资料、研究资料、典型案例、有关政策或官方观点等,通过收集的资料来补充自己的观点和加强说服力。

(3) 选择从不同的角度谈论一个问题,并引用例子说明,以便分析和论证更具体形象化。

(4) 将观点按重要性和逻辑关系排列起来,表达要浅显易懂。

(5) 预先构想会被问及的问题,并做一定的准备。

(6) 必要时可与记者协商讨论采访的内容,做好心理准备。

接受采访时,要结合讨论的问题,考虑自己的立场态度,同时也要考虑受众的状况,有针对性地进行表述,态度诚恳,内心平和,语言流畅,声音清晰,围绕中心进行表达,并作适当的总结。总之,要有充分的准备才能应变灵活,达致最好的宣传效果。

3.5 社区活动的会务安排

社区活动的会务安排是活动顺利开展的基础。为了保障社区活动的顺利开展,需要做好:

一、活动前的会务准备

1. 人手安排

确定参与活动的所有工作人员和志愿者,确保每个人都清晰自己在活动中的岗位以及具体的工作任务,知晓活动过程中遇到常见突发情况的应急处置流程。

2. 活动物资采购

列出活动物资清单,清点现有的和需要采购的物资;与物资采购的同事进行沟通,确保采购的物资符合活动要求。活动前清点全部活动物资,做好因人员过多导致物资不足的预案。

3. 活动有关材料的制作与印刷

根据活动的大小,确定好活动所需要印制的材料,如社区活动宣传展板、宣传横幅、宣传单页、活动议程安排以及和活动有关的材料;提前做好活动人员签到表、工作人员签到表、志愿者签到表、活动礼品签领表、嘉宾签名簿、活动满意度调查表等的制作。

4. 场地布置

包括桌椅的摆放、横幅的悬挂、光线的控制、音响的调整等等,布置好活动使用的相关道具,创设和活动主题相应的场景开展的良好氛围。在活动前一天将物资提前运置到服务场地,分类摆放。

5. 活动内容彩排

在活动开展前,根据程序流程设计模拟活动各环节,针对活动过程中可能发生的意外提前做好风险应对。

6. 其他

有些社区活动规模较大,可能涉及用餐、住宿、接车等会务安排工作,也需要有专人进行对接。

二、活动进行中的会务安排

1. 组织签到,引领入座

万事开头难。好的开始是活动成功的一半。活动开场前有序进行签到,及时把活动嘉宾和活动参与对象引领入座,周到而细致的服务能给活动参与者留下深刻而美好的第一印象。

2. 主持活动,有效控场

关注活动现场的进度,根据活动各环节的推进有效进行转场的衔接,确保各环节有序进行。活动开展时,需注意意外事件的处理。

3. 发放问卷,采集建议

活动后期,为了了解活动参与者的收获,通常要进行活动意见的采集。现场工作人员需指导活动参与者填写问卷或扫描二维码,在网上填写反馈意见。

三、活动结束后的会务安排

活动结束后,需要对活动场地进行清理,包括:场地清洁、桌椅复原、物资清点等,这一阶段可以邀请相关的活动参与者协助整理,在提高工作效率的同时,也促进了服务对象的参与。

3.6 社区活动的评估与总结

活动是否达到了原定的目标?参加者对活动有什么意见?日后举办同类的活动有哪些

地方可以改善？社区活动结束后，尚需对社区活动进行评估和反思，以助于进一步提升专业服务质量。

1. 社区活动的评估

社区活动评估有过程评估和结果评估两种方式。结果评估，也叫终结性评估，是活动结束之后对活动效果的评估。过程评估又叫形成性评估，是指对活动执行全过程开展的评估。

结果评估偏重评估目标的达成度，往往忽略了活动过程执行时的其他元素。活动目标的达成，是社区工作者活动开展的方向指引。但因为社区活动开展的场地、人员、资金等条件不同，目标达成过程中有很多不可预知的影响因素。因此，对于社区工作者的成长来说，过程评估的意义有时候比结果评估意义更大。

过程评估是指通过对服务活动过程的评估，了解活动是如何进行的，活动是否实现了预期目标。其宗旨是"证明服务项目是什么和是否按照预期被送达给既定的服务接受者"（罗西、李普希、弗里曼，2007）。通过过程评估，引导社区工作者反思活动开展过程中的一些问题，如：活动实际上是怎样开展的？和活动计划存在什么出入？活动开展中碰到什么困难？活动开展中疏忽了什么？活动中有什么不一样的发现？今后在开展社区活动策划时可以从本次活动中学到什么？未来可以如何避免？通过反思，帮助社区工作者在每一场活动中积累经验和教训，助力专业服务质量的提升。

过程评估着重评价从活动策划开始到活动方案执行和完结的整个服务过程。在活动的不同阶段，评估关注的焦点有所不同。

形成性评估主要关注的焦点

序号	活动过程	评估焦点
1	活动筹备阶段（含招募）	活动招募阶段：对活动参与群体的分析（如：报名反应、覆盖程度、出席情况） 活动筹备阶段：考察活动筹备的进度（如：计划与实际进展的差异）
2	活动开展阶段	考察参与者的满意程度
3	活动结束阶段	考察目标的达成度

二、社区活动的总结

对社区活动进行评估还需要对活动目标达成情况、服务对象反馈等情况进行分析，总结活动的经验与不足，反思社区工作者的角色发挥情况，并撰写社区活动总结报告。

社区活动总结报告没有固定的格式，通常包括以下内容：

1. 活动的基本情况介绍。如活动的名称；性质；活动的目标；活动开展日期、时间和地点；活动对象；活动预计人数以及实际出席人数等。

2. 活动开展及反思。对参与对象进行分析，了解预期对象在数量和特征方面的差距；对宣传和招募方法进行反思；资源链接情况；总结活动程序执行过程中的情况，尤其是出现的突发状况；活动目标的达成度；参与者对程序安排的满意度；对活动进行检视，提出未来改进的方向等。

3. 活动经费使用情况。报告活动的开支情况，解释超支或盈余的原因。

社区活动总结报告示例

项目名称：××街家庭综合服务中心　　　档案编号：RB-R-PM-001-20200913

1. 活动基本资料

活动名称	"感恩·助残"爱心义卖	负责社工	程××
日期及时间	××××年9月13日 16:00—20:00	活动地点	××社区
参加人次	预计人次：100人　实际人次：150人以上，其中购买物品人数45人	义工人数	10人

3. 活动总结事项

活动前期筹备情况	➢ **宣传招募：** 前期宣传是通过与××居委联系，在××社区进行宣传，以及派发宣传单； ➢ **物资、场地准备：** 物资：义卖品（社工与工疗站合作的衍纸画、丝网花、黏土、DIY购物袋等），场地布置（桌椅、手拉车、宣传资料等）由社工及义工协助布置； 场地：本次活动场地与××居委合作，地点安排在××花园三期广场； ➢ **人员安排（含义工招募）：** 本次活动由负责社工一人统筹带领，招募的义工主要是社区矫正服务领域的义工共10人，以及工疗站7人共同协助开展。

目标达成情况	活动目标		目标达成情况	分析说明
	目标1	70%的残障人士至少一次讲解制作义卖物品	目标达成	7成残障人士都愿意主动讲解自己的作品，3成残障人士则需要社工的鼓励下尝试讲解；
	目标2	80%的残障人士参加义卖活动后更愿意参加社区活动	目标达成	因居民参与的反应激烈，残障人士比较期待下期继续开展义卖活动。

突发情况应对	无
活动财务评检	预算开支：61元　　实际开支：40元 预算与开支平衡情况：（■＋/□－）21元
参加者反馈意见	请摘录部分参加者的反馈意见 1. 部分妈妈带着自己的孩子过来参加，妈妈教导孩子本次活动是很有意义的，主要是为了献爱心，而不是购买物品，主要自己献出爱心能帮助到别人就可以了； 2. 过来参加的义工也表示这个活动很有意义，表示自己下次还要参加这样的活动并献出自己的爱心，支持本次活动。

社工反思（经验与改进）	做得好的地方	需关注的地方
	1. 本次活动让残障人士更多机会接触到社区，更多机会与居民沟通； 2. 通过志愿者协助残障人士的模式，志愿者与残障人士现场制作手工的过程中，吸引较多的居民前来参加，不仅残障人士把自己较为特长的地方展示给居民了解，促进残障人士走进社区的机会，也促进了居民对残障人士的了解。过来参加活动的志愿者也表示这个活动很有意义，表示自己下次还要参加这样的活动并献出自己的爱心，支持本次活动。	残障人士对社区不了解，会感到比较陌生，为此，社工需要给予残障人士信心。

跟进事项	活动后将活动所得义卖款项交与工疗站。

3. 活动剪影

(粘贴活动的主要剪影2~4张)

4. 审批意见

项目主任审批意见	签名：_____ 日期：_____
督导审核意见	签名：_____ 日期：_____
同工回应	签名：_____ 日期：_____

资料来源：陈允科，广州市心明爱社会工作服务中心。

思考题：

红星社区开展垃圾分类指导工作需要居民志愿者。请你根据志愿者招募和选拔流程，帮助该社区做好志愿者招募和选拔工作。

项目四 社区活动文书样例

4.1 "党建引领聚合力,文明城市齐参与"文明城市创建社区宣传活动计划书[①]

1. 活动基本资料

活动名称	"党建引领聚合力,文明城市齐参与"文明城市创建社区宣传活动	负责社工	黄社工
日期及时间	2020年8月23日 8:30—10:30	活动地点	雅瑶社区文化广场
适用对象	社区居民、社区党员	预计人次	100
合作单位	雅瑶社区居委会	义工招募	党员志愿服务者16名
活动背景/理论支持	活动背景: 1. 响应上级号召,推动党建引领社区基层治理与建设,在各类创先争优活动中让党员亮身份、做表率,发挥党员的先锋模范作用。 2. 响应市、区创建全国文明城市的号召,由党员带领开展以"党建引领聚合力,文明城市齐参与"为主题的社区宣传活动。		
活动目的	1. 探索党建引领参与社区基层治理的新思路、新方法,创新党员教育活动的方式。 2. 提高社区居民群众对创建全国文明城市的认识,发动居民群众积极投身到争创全国文明城市的行动中来。		
具体目标	1. 80%的参加者在活动中积极参与摊位项目,完成全部的摊位项目。 2. 80%的参加者认为活动提高了对文明城市创建工作的认识。		
宣传招募方法	☐ 街站外展、社区宣传活动中招募　　☑ 在社区宣传栏张贴宣传单 ☐ 在过往参加者中宣传招募　　　　　☑ 通过电话、短信、网络平台等宣传招募 ☐ 通过上门探访宣传招募　　　　　　☐ 其他(请填写)＿＿＿＿＿		

2. 活动内容

前期工作日程安排				
序号	工作内容	完成日期	负责社工/跟进社工	备注
1	完成计划书	2020.8.10	黄社工	
2	场地申请	2020.8.11	黄社工	

[①] 该文书来源于广州市心明爱社会工作服务中心,文书内容由黄钊华撰写,未经允许,不得转载。

(续表)

	前期工作日程安排			
序号	工作内容	完成日期	负责社工/跟进社工	备注
3	物资购买	2020.8.12—13	谢社工	
4	活动宣传与招募	2020.8.12	黄社工	
5	广告制作	2020.8.11—8.13	黄社工	
6	摊位准备	2020.8.12—14	汤社工	
7	活动开展	2020.8.23	黄社工、黄社工、汤社工、谢社工	
8	新闻稿	2020.8.23	黄社工	
9	活动总结	2020.8.24	黄社工	

			活动当天流程			
序号	时间	工作项目/主题	工作内容	所需物资	负责社工	备注
1	7:45—8:30	前期准备	1. 义工签到 2. 场地布置	1. 义工签到表 2. 帐篷、桌子、椅子 3. 走廊展示图片 4. 麦克风、音响	黄社工、汤社工	1. 党员义工协助摊位活动、场地布置 2. 黄社工负责活动主持
2	8:30—9:00	签到	居民、党员签到	1. 居民活动签到表 2. 党员活动签到表 3. 活动通关卡片	谢社工、汤社工	
3	9:00—9:10	活动开始	1. 主持人宣布活动开始 2. 社区领导发表说话	1. 主持人稿 2. 领导发言稿	黄社工	
4	9:10—9:20	活动环节一	互动问答:什么是文明城市?	舞台所需创文图片	黄社工	
5	9:20—9:30	活动环节二	互动问答:创建文明城市与我们有什么关系(对我们有什么好处?)	舞台所需创文图片	黄社工	
6	9:30—9:40	合影	1. 全体党员合影 2. 引导参加者到摊位参加活动	麦克风、相机	黄社工	
7	9:40—10:30	活动环节三	摊位活动 1. 学习强国聚人心·党群合力齐创文 2. 文明城市对对碰	各摊位活动所需道具、材料	黄社工、谢社工、黄社工、汤社工	

(续表)

序号	时间	工作项目/主题	工作内容	所需物资	负责社工	备注
		活动当天流程				
			3. 践行文明美德·共建美好家庭 4. 人大代表助力创文 5. 倡导垃圾分类·共建文明雅瑶 6. 文明健康有你有我 7. 签到处及兑奖区摊位 8. 创文安全我做到			1. 党员义工协助摊位活动、场地布置 2. 黄社工负责活动主持。
8	10:30—11:00	活动结束	1. 场地撤场工作 2. 清洁工作	手推车	黄社工、谢社工、黄社工、汤社工	

3. 活动预估

活动评估		
改变范畴	评估指标	评估方式
80%的参加者在活动中积极参与摊位项目,完成全部的摊位项目	意见反馈表	问卷、照相、录像等
80%的参加者认为活动提高了对文明城市创建工作的认识	意见反馈表	问卷、照相、录像等

困难预估及应对方法	
困难预估	应对方法
互动环节二、三容易出现冷场	1. 做好事前宣传工作。2. 工作人员提前在观众席的每张凳子上摆放与互动环节相关的知识,观众细心观看即可找到答案。
天气炎热	1. 保证活动时间控制在一个半小时内完成。2. 每个摊位设一个帐篷,确保参加者在参加活动期间有一个阴凉地方。
出现人员受伤情况	准备急救箱

4. 活动物资与财务预算

序号	物资名称	单价(元)	数量	金额(元)	备注
1	饮用水	40	4	160	□中心自有 ☑购买 □赞助/资助 □其他

(续表)

序号	物资名称	单价	数量	金额	备注	
2	音响设备	0	1	0	□中心自有 ☑赞助/资助	□购买 □其他
3	摊位物资		7	0	☑中心自有 □赞助/资助	□购买 □其他
4	横幅	0	1	0	□中心自有 ☑赞助/资助	□购买 □其他
5	背景幕	1 100	1	1 100	□中心自有 □赞助/资助	☑购买 □其他
6	宣传制品	490	1	490	□中心自有 □赞助/资助	☑购买 □其他
7	礼品	5	100	500	□中心自有 □赞助/资助	☑购买 □其他
8	桌子	0	21	0	□中心自有 ☑赞助/资助	□购买 □其他
9	椅子	0	75	0	□中心自有 ☑赞助/资助	□购买 □其他
10	帐篷	0	8	0	□中心自有 ☑赞助/资助	□购买 □其他
合计				2 250		

5. 活动人员分工

	人数	备注(姓名,特别说明等)
总负责人	1	黄社工
协助社工	2	汤社工、谢社工
党员义工	24	关××、梁××、叶××、张××、陈××、毛××等
组织与分工		详细请看附件1

6. 附件

附件1:活动流程及分工明细
附件2:现场分布图
附件3:抢答题
附件4:游戏规则
附件5:文明健康有你有我知识问答
附件6:文明对对碰
附件7:活动物资准备
附件8:主持稿(略)

7. 活动审批

督导意见	 签名：_____　　日期：_____
同工回应	 签名：_____　　日期：_____

附件1　活动流程及分工明细

摊位名称	游戏规则	负责人
1. 学习强国聚人心·党群合力齐创文	1. 报名参加社区文明城市创建系列活动； 2. 社区志愿者报名登记； 3. 创文布艺手提袋涂色活动； 4. 下载"学习强国"App，注册成功即可获得布艺环保袋一个。 备注：完成其中一项即可获得印章一枚。	
2. 文明城市对对碰	游戏一共设了2组对对碰卡，每组通关卡上有4组图案＋4组文字；居民现场组队，每2个居民一组，到摊位领取对对碰卡，如A居民拿图案卡片，B居民拿文字卡片，一起完成图文配对，全部答对即可获得印章一枚。	
3. 践行文明美德·共建美好家庭	一起填字发现美好，参加者完成"爱、和、勤、俭、善"五个卡片上其中一组填字即可获得印章一枚。 如："俭"俭以养德	
4. 人大代表助力创文	请围绕"文明城市，作为居民，我们可以做些什么？"写下你的看法及意见。 操作方法： 1）领取纸张自己填写，完成后贴到收集墙即可获得印章一枚； 2）请现场工作人员代写，完成后贴到收集墙即可获得印章一枚。	
5. 倡导垃圾分类·共建文明雅瑶 党员签到处	1. 工作人员在卡片盒里随机抽取5张小卡片给参加者。 2. 参加者把标有不同垃圾的5张卡片放到对应的垃圾桶，全对即可获得印章一枚。	
6. 文明健康有你有我	1. 由工作人员现场提问与登革热相关知识的问答题目，回答正确即可获得印章一枚。 2. 派发预防登革热宣传、疫情防控知识宣传单张。	
7. 签到处及兑奖区（居民签到处）	1. 参与签到的居民即可获得活动盖章卡片一张。 2. 居民参与活动即可给予奖品兑换，满4枚印章即可兑换抽纸一盒，满7枚印章即可兑换洗衣粉一包。 3. 兑换礼品先到先得，派完即止。	
8. 创文安全我做到	由党员先锋开展禁毒、防诈骗、扫黑除恶、普法、扫黄打非、消防安全等宣传。	

附件2：现场分布图

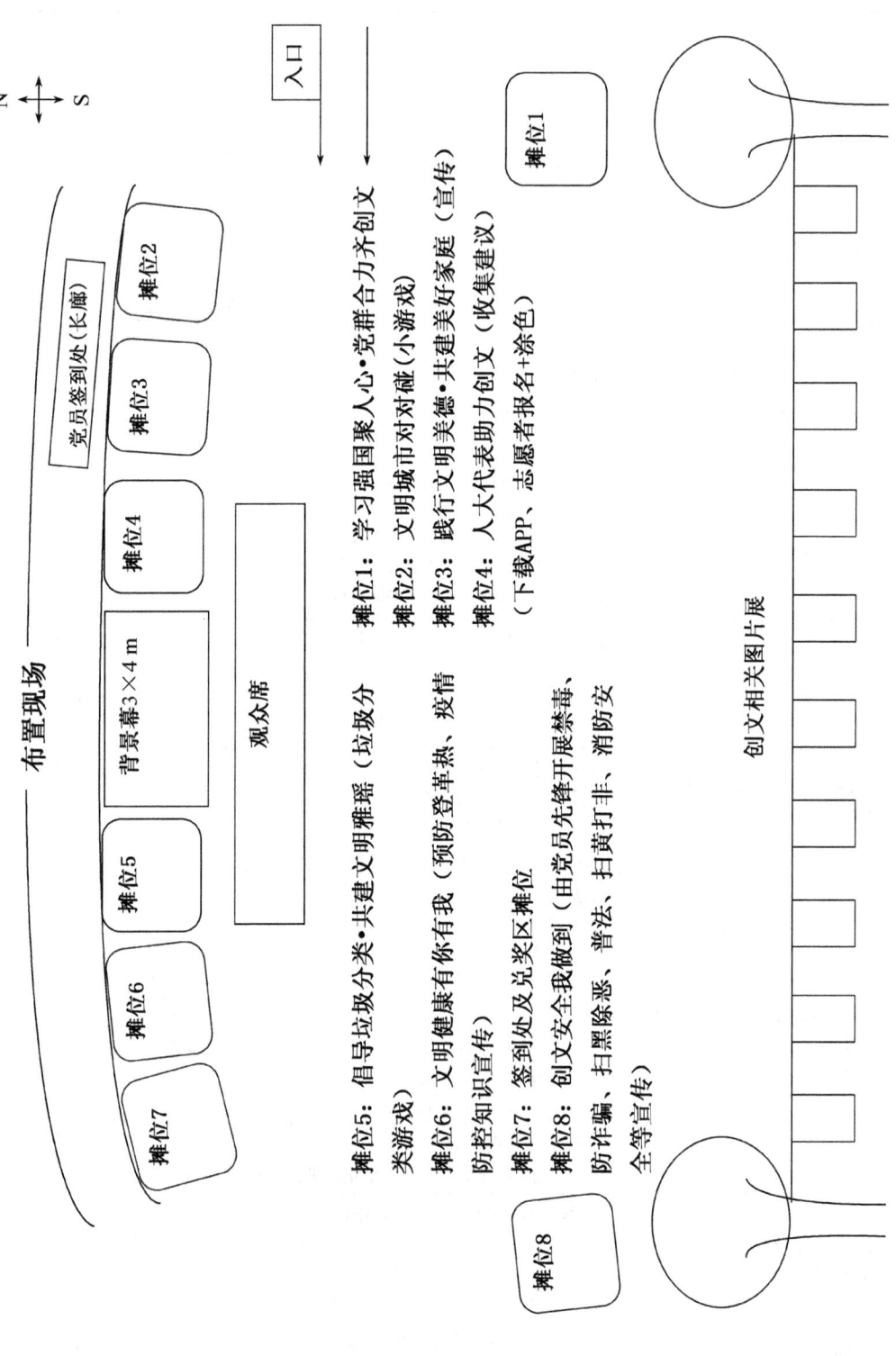

附件 3：抢答题

1. 社会主义核心价值观是什么？

富强、民主、文明、和谐、自由、平等、公正、法治、爱国、敬业、诚信、友善。

2. 市民公约有哪些？

爱国爱家、情系佛山、爱岗敬业、诚信友善、尊老爱幼、关爱邻里、崇尚科学、健康生活、遵纪守法、扶危助困、以礼待人、举止文明、讲究卫生、保护环境、热心公益、通济和谐。

3. 创建全国文明城市的主体是谁？

广大市民。

4. 反映城市整体文明水平综合性最高荣誉称号的是什么？

全国文明城市。

5. 创建全国文明城市的目的是什么？

提高城市文明程度、提高市民文明素质、提高市民幸福指数。

6. 我国文明城市每届创建周期是多少年？（3 年）

7. 恪守诚信者将列入什么名单？（红名单）

8. 失信违法者将列入什么名单？（黑名单）

9. 人生的第一所学校是什么？（家庭）

10. 国家的根本大法是什么？（宪法）

11. 公民基本道德规范有哪些？

爱国守法、明礼诚信、团结友善、勤俭自强、敬业奉献。

12. 社会公德有哪些？

文明礼貌、助人为乐、爱护公物、保护环境、遵纪守法。

13. 职业道德有哪些？

爱岗敬业、诚实守信、办事公道、服务群众、奉献社会。

14. 家庭美德有哪些？

尊老爱幼、男女平等、夫妻和睦、勤俭持家、邻里团结。

15. 志愿服务精神的内容是哪些？

奉献、友爱、互助、进步。

16. 南海志愿服务最靠近群众一线的服务阵地叫什么名字？

南海志愿 V 站。

17. 截至 2020 年 7 月，南海区共建成志愿 V 站多少个？（45 个）

18. 什么是文明城市？

是指在全面建设小康社会，推进社会主义现代化建设的新的发展阶段，坚持科学发展观，经济和社会各项事业全面进步，物质文明、政治文明、举止文明与精神文明建设协调发展，精神文明建设取得显著成就，市民整体素质和城市文明程度较高的城市。全国文明城市称号是反映我国城市整体文明水平的综合性荣誉称号。

19. 创建文明城市与我们有什么关系（对我们有什么好处）？

使我们的居住环境更加优美，公共服务更加优质，城市竞争力也明显加强，文明之风润泽了百姓心田，文明力量融入了城市肌理。

附件 4:游戏规则

兑换规则

1. 参与签到的居民可获得活动盖章卡片一张。

2. 居民参与活动可给予奖品兑换,满 4 枚印章即可兑换抽纸一盒;满 7 枚印章即可兑换洗衣粉一包。

3. 兑换礼品先到先得,派完即止。

文明城市对对碰

游戏一共设了 2 组对对碰卡,每组通关卡上有 4 组图案＋4 组文字;居民现场组队,每 2 个居民一组,到摊位领取对对碰卡,如 A 居民拿图案卡片,B 居民拿文字卡片,一起完成图文配对,全部答对即可获得印章一枚。

人大代表助力创文

请围绕"文明城市,作为居民,我们可以做些什么?"写下你的看法及意见。

操作方法：

1. 领取纸张自己填写,完成后贴到收集墙即可获得印章一枚;

2. 请现场工作人员代写,完成后贴到收集墙即可获得印章一枚。

学习强国聚人心　党群合力齐创文

1. 报名参加社区文明城市创建系列活动;

2. 社区志愿者报名登记;

3. 创文布艺手提袋涂色活动;

4. 下载"学习强国"App,并完成注册。

备注:完成其中一项即可获得印章一枚。

倡导垃圾分类　共建文明雅瑶

1. 工作人员在卡片盒里随机抽取 5 张小卡片给参加者。

2. 参加者把标有不同垃圾的 5 张卡片放到对应的垃圾桶,全对即可获得印章一枚。

践行文明美德　共建美好家庭

一起填字发现美好,参加者完成"爱、和、勤、俭、善"五个卡片上其中一组填字即可获得印章一枚。

如:"俭"俭以养德

文明健康有你有我

由工作人员现场提问与登革热相关知识的问答题目,回答正确即可获得印章一枚。

附件 5:文明健康有你有我知识问答

1. 登革热的传播途径有(A)
   A. 蚊虫叮咬传播　　　　　B. 接触传播
   C. 呼吸道传播　　　　　　D. 消化道传播

2. 一个最长潜伏期内(14 天内),在人口相对集中的地点,发生多少例或以上登革热实

验室诊断病例,可以认为登革热暴发?(A)

  A. 3 例 B. 10 例 C. 50 例 D. 100 例

  3. 登革热潜伏期,一般为多少天?(B)

  A. 4～13 B. 3～14 C. 4～15 D. 3～20

  4. 登革热属于(B)类法定管理传染病,发现后应于 24 小时内上报。

  A. 甲 B. 乙 C. 丙 D. 丁

  5. 登革热传播在我国主要发生在(A)

  A. 夏秋季 B. 冬春季 C. 春夏季 D. 秋冬季

  6. 登革热是由登革热病毒所引起的,由(C)传播的急性传染病。

  A. 老鼠   B. 蟑螂

  C. 白纹伊蚊(花斑蚊)   D. 苍蝇

  7. 白蚊伊蚊叮咬人的高峰时间在(A)

  A. 上午 8—9 时及下午 5—6 时 B. 晚上 9—10 时

  C. 下午 7—8 时   D. 上午 5—6 时及晚上 8—9 时

  8. 下列哪一项不是登革热的传染源?(D)

  A. 登革热患者   B. 隐形感染者

  C. 带毒的媒介伊蚊   D. 按蚊幼虫

  9. 下列哪一项不是登革热的典型特征?(D)

  A. 急性起病、发热   B. 全身肌肉、骨、关节痛及疲乏

  C. 皮疹、淋巴结肿大   D. 白细胞显著增多

  10. 预防登革热采取的防护措施下列哪项不正确?(D)

  A. 在外露的皮肤涂防蚊水

  B. 睡觉时挂好蚊帐

  C. 减少到树木丛生的地方活动

  D. 为避免蚊虫叮咬,穿深色的长衣长裤

  11. 以下哪些国家登革热疫情分布较为广泛?(B)

  A. 欧洲、大洋洲   B. 美洲、东南亚和西太区

  C. 亚洲、欧洲   D. 欧洲、非洲

  12. 在全球呈急剧上升势态,发生人数在增加,全球有近 40% 人口处于登革热发生的风险区,已是目前全球主要的公共卫生问题之一。据 WHO 近期估计,全球登革热的病例数逐年增加,近年来每年约有(D)病例。

  A. 50 万到 100 万   B. 500 万到 1 000 万

  C. 500 万至 1 500 万   D. 5 000 万到 1 亿

  13. 近年来,我国登革热的输入病例主要来自哪个地方?(A)

  A. 东南亚、南亚   B. 中亚、南亚

  C. 中亚、西亚   D. 东南亚、南亚

  14. 我国登革热疫情主要发生在国内哪些地方?(C)

  A. 黑龙江省、吉林省、辽宁省

  B. 河北省、山东省、甘肃省

C. 广东省、云南省、福建省、广西壮族自治区、浙江省

D. 江苏省、湖北省、湖南省

15. 我省登革热疫情主要发生在哪个时间段？（A）

　　A. 3～12月　　B. 6～8月　　C. 5～11月　　D. 1～10月

16. 登革热的诊断依据有(D)

　　A. 流行病学资料；疫区蚊子叮咬史

　　B. 临床表现有发热、疼痛、皮疹、出血等

　　C. 实验室检查有白细胞减少，血小板减少、登革热病毒分离阳性、登革热抗体阳性

　　D. 以上都是

17. 登革热的临床类型有(D)

　　A. 典型登革热　　　　　　　　B. 轻型跟重型登革热

　　C. 登革出血热登革休克综合征　D. 以上均是

18. 登革热治疗措施中错误的是(C)

　　A. 急性期卧床休息，流质或半流质饮食

　　B. 口服补液为主，监测生命体征

　　C. 高温应以药物为主

　　D. 对中毒症状严重的患者，可短期使用小剂量肾上腺皮质激素

19. 登革热急性发热期常见热型？（A）

　　A. 双峰热　　B. 稽留热　　C. 弛张热　　D. 波状热

20. 典型的登革热病程分为哪三期？（B）

　　A. 急性发热期、休克期和恢复期　　B. 急性发热期、极期和恢复期

　　C. 急性发热期、出血期和恢复期　　D. 急性发热期、重症期和恢复期

21. 2014年版登革热诊疗指南,根据病情严重程度,将登革热感染分为哪两种临床类型？(A)

　　A. 普通登革热和重症登革热　　B. 普通登革热和登革出血热

　　C. 典型登革热和登革出血热　　D. 登革出血热和重症登革热

22. 关于登革热,下列哪个说法是错误的？(B)

　　A. 登革热属于乙类法定管理传染病,发现后应于24小时内上报。

　　B. 登革热可以直接通过人与人之间接触传染。

　　C. 登革热的一般病死率为万分之三。

　　D. 典型登革热患者只占传染源的小部分,单纯隔离患者不足以制止流行。

23. 下列哪项不是白纹伊蚊喜欢叮人的时间？（D）

　　A. 白天　　B. 日出后两小时　　C. 日落前数小时　　D. 黑夜

24. 白纹伊蚊的飞行距离极为有限,一般多在滋生地附近范围(A)内活动。

　　A. 50～100米　　B. 300米　　C. 500米　　D. 1000米

附件6：文明对对碰

遵守交通规则

垃圾分类

破坏公物

随地吐痰

扶老人过马路

有序排队

礼让行人

乱丢垃圾

大声打电话

高空砸物

附件7：活动物资准备

媒体邀请		
活动预告、通讯稿、活动卡片		
摊位游戏规则		
摊位道具	配对卡,报名表,志愿登记表,布艺袋等,垃圾分类游戏,学习强国下载二维码,环保袋,填字单张及填字字体	
摊位小礼物	洗衣粉	

广告制作：

名称	尺寸	备注
背景幕	高3 m×长5 m	标题："党建引领聚合力,文明城市齐参与"文明城市创建社区宣传活动 落款：主办单位：大沥镇雅瑶社区党委,雅瑶社区妇联,雅瑶社区幸福院,新时代文明实践站 协办单位：广州市心明爱社会工作服务中心
摊位名	长150 cm×高25 cm	1. 学习强国聚人心·党群合力齐创文(下载、志愿者报名＋涂色) 2. 文明城市对对碰 3. 践行文明美德·共建文明家庭(填字游戏、宣传) 4. 人大代表助力创文(收集建议) 5. 倡导垃圾分类·共建文明雅瑶(垃圾分类游戏) 6. 文明健康有你有我(预防登革热宣传) 7. 签到处及兑奖区 8. 创文安全我做到(由党员先锋开展禁毒、防诈骗、扫黑除恶、普法、扫黄打非、消防安全等宣传)
图片展示印刷	A3纸单面	20张图片,一式两份

附件8：主持稿(略)

4.2 "红旗飘飘心向党,国富民强颂祖国"海珠区残联暨江南中街庆祝中华人民共和国成立70周年活动计划书①

一、活动主题

"红旗飘飘心向党,国富民强颂祖国"海珠区残联暨江南中街庆祝中华人民共和国成立70周年活动。

二、活动背景

2019年是新中国成立70周年,新中国成立以来每一步的变化和发展,都证明了祖国所走道路的正确性。在党的领导下,百姓安居乐业,家庭和谐美满。近年来,国家高度重视残疾人工作,不断开创残疾人事业发展新局面,让党和政府的关怀惠及每一位残疾人。

海珠区精神残障人士能够在辖区内平等参与社区服务,依法享受社会保障,离不开广州市残联和海珠区残联的扶持和关怀。为弘扬以爱国主义为核心的伟大民族精神,深入推进社会主义核心价值观建设,海珠区残疾人联合会和广州市心明爱社会工作服务中心开展本次活动,打造"健康、平等、共融"的社区参与平台,让社区精神病康复者展示个人风采,以乐观积极的态度与社会大众共度佳节。

三、活动目的

1. 热烈庆祝中华人民共和国成立70周年,进一步贯彻落实习近平新时代中国特色社会主义思想和党的精神,广大居民群众一起向祖国表白。
2. 结合新中国70周年庆典,展示精神病康复者的优势和风采,推动其社区参与,增强自信心。
3. 通过微心愿对接活动,促进社会各界对残疾人康复工作的关注和支持,向公众传递关爱残障人士的正能量。

四、活动时间及地点

2019年9月29日(周日)下午3时,江南中街寸草堂广场

五、举办单位

主办单位:海珠区残疾人联合会、江南中街道办事处
承办单位:广州市心明爱社会工作服务中心
协办单位:江南中街社工站、海珠区社区精神康复综合服务中心

---

① 该文书来源于广州市心明爱社会工作服务中心,文书内容由李蕙撰写,未经允许,不得转载。

六、参加活动人员

广州市残疾人联合会领导、海珠区领导、海珠区残疾人联合会领导、江南中街道办事处领导、海珠区残疾人联合会相关工作人员、广州市心明爱社会工作服务中心社工、爱心企业代表及江南中街社区居民。

七、活动流程

（活动前半小时播放暖场音乐）

1. 爱心文艺表演；
2. 社区康复人员微心愿和康复基地启动仪式；
3. 区领导和区残联领导给爱心企业颁发荣誉证书；
4. 区领导和区残联领导对优秀残疾人进行慰问；
5. 街道领导、社工机构负责人为居民代表送上书法祝福作品；
6. 大合照。

八、工作分工

1. 区领导由区残联负责邀请；
2. 爱心文艺表演由区残联负责；
3. 爱心企业及优秀残疾人荣誉证书由区残联负责制作；
4. 其他工作及相关经费由广州市心明爱社会工作服务中心负责。

九、活动设计

1. 为营造更好的活动气氛及效果，拟租用舞台背景、音响等活动设备，预算详见附件1；
2. 活动分为摊位游园及舞台表演两部分，14：30－15：00为摊位游园部分，15：00－16：30为舞台表演部分，活动流程详见附件2；
3. 设有互动环节，全场挥舞小国旗庆祝国庆70周年，并邀请书法家及嘉宾为居民代表赠送墨宝、纪念品，与社区居民同乐；
4. 拟邀请新闻媒体报道，加强活动前期宣传力度及提升活动影响力。

十、活动保障

1. 活动场地由海珠精综项目与江南中街社工站共同协商确定，并向有关主管部门申请落实；
2. 参加表演团队由各提供项目组织实施，提前向活动负责人确认表演形式及表演内容；
3. 文艺汇演及摊位游园所需场地、音响、桌椅及宣传等由心明爱负责落实和保障，其他赞助物资由心明爱和赞助方协商落实；
4. 活动现场做好秩序维护和应急安全保障。

十一、附件

1. 物资及经费预算表；

2. 活动现场流程及人员安排。

附件1:物资及经费预算表

序号	所需物品	数量	单位	预算(元)	备注
1	背景幕/牌匾制作、帐篷、音响设备等租借(广告公司负责)	1	次	10 000	心明爱提供
2	主持人劳务费	1	次	1 500	
3	书法作品墨水、红纸	1	批	80	
4	活动礼品	200	份	1 430	
5	润汇大厦摊位游戏道具	1	批	500	
6	寸草堂内摊位道具(宣传、合影用KT板)	1	批	200	
7	摊位标识	10	个	200	
8	小国旗	150	支		区残联提供
9	爱心企业及优秀残疾人荣誉证书	若干	本		
	合计			13 910	

附件2:活动现场流程及人员安排

活动总负责人:梁社工,李社工
舞台部分:

序号	时间	工作内容	工作人员	注意事项
活动准备				
1	10:00—11:00	运送物资到达活动场地	海珠精综、江南中社工站全体工作人员	
2	11:00—12:00	布置活动场地	海珠精综、江南中社工站全体工作人员	
3	13:15—14:30	彩排、志愿者培训	海珠精综、江南中社工站全体工作人员	
4	14:30—15:00	活动签到,领取游园摊位游戏券	海珠精综、江南中社工站全体工作人员	
活动开始				
5	15:00—15:05	开场表演:舞蹈《和谐中国》	催场	
6	15:05—15:10	主持人开场,介绍到场领导嘉宾	主持人	
7	15:10—15:15	海珠区残联领导讲话	主持人,礼仪	
8	15:15—15:20	江南中街领导讲话	主持人,礼仪	

(续表)

序号	时间	工作内容	工作人员	注意事项
活动开始				
9	15:20—15:25	海珠区领导讲话	主持人,礼仪	
10	15:25—15:30	广州市残联领导讲话	主持人,礼仪	
11	15:30—15:40	社区康复人员微心愿和康复基地启动仪式	领导嘉宾 主持人,礼仪	道具
12	15:40—15:50	爱心企业颁发证书、授旗表彰	领导嘉宾、企业代表 主持人,礼仪	荣誉证书 牌匾 锦旗
13	15:45—15:50	工疗站学员合唱	主持人,催场	
14	15:50—15:55	优秀残疾人慰问	领导嘉宾、残疾人代表 主持人,礼仪	荣誉证书
15	15:55—16:00	海珠精综服务对象旗袍秀	主持人,催场	
16	16:00—16:10	送福千万家	领导嘉宾、居民代表 主持人,礼仪	祝福语书法作品
17	16:10—16:15	工疗站学员独唱	主持人,催场	
18	16:15—16:20	男女美声合唱	主持人,催场	
19	16:20—16:25	舞蹈《共圆中国梦》	主持人,催场	
20	16:25—16:30	舞台部分结束,合照留念	主持人	

摊位游园部分:

序号	时间	工作内容	工作人员	注意事项
1	11:00—12:00	布置摊位	海珠精综全体工作人员	提前布置场地
2	14:30—15:00	摊位游园活动: 摊位1:签到摊(2人) 摊位2:游戏互动摊位(2人) 摊位3:游戏互动摊位(2人) 摊位4:礼品兑换摊位(4人) 摊位5:微心愿搜集(3人) 摊位6:精神健康宣传及政策咨询摊位(2人) 摊位6—8:政府职能部门摊位 摊位9—12:合作方摊位	海珠精综全体工作人员	

4.3 "党群心连心，服务进社区"活动计划书[①]

1. 活动基本资料

活动名称	党群心连心，服务进社区		负责社工	江社工
活动类型	☑大型活动　　□中小型活动			
日期及时间	2020年11月7日 09:00—11:30		活动地点	麓湖公园游艇部平台
适用对象	社区居民		预计人次	80
合作单位	□无　☑有　共青团登峰街委员会、穗江口腔医院		志愿者招募	□不需要　☑需要　10 名
活动背景/理论支持	为了响应党的共建共治共享的精神号召，发挥党员团员的先锋模范作用，宣传爱党爱国爱家精神，凝聚社区居民志愿服务力量，同时社工了解到社区居民对社区资源的了解和运用也有一定的需求，社工站决定开展"党群心连心，服务进社区"志愿集市活动，向社区居民提供党的知识宣传、收集居民对党的心声、口腔咨询、义剪服务等活动。 本次活动理念为社会支持理论。该理论认为，一个人所拥有的社会支持网络越强大，就能够越好地应对各种来自环境的挑战。个人所拥有的资源又可以分为个人资源和社会资源。个人资源包括个人的自我功能和应对能力，而社会资源则是指个人社会网络中的广度和网络中的人所能提供的社会支持功能的程度。登峰街社工站通过链接社区资源，开展便民服务及服务宣传，既提高社工站的知晓率，又能够充分地与居民接触，了解居民需求，更好地为居民提供适切服务。并且通过搭建志愿服务平台，让社区热心志愿者融入社区发展建设，共同营造美好共建的社区氛围。			
活动目的	通过链接社区资源以摊位的形式向社区居民服务，宣传爱党爱国爱家精神，提升居民对社区资源的了解，并为热心居民搭建志愿平台，为志愿者提供志愿服务活动。			
具体目标	1. 动员参加者撰写爱党爱国爱家的心声； 2. 社区居民参与6种服务摊位； 3. 志愿者均有服务岗位，至少70%的志愿者对本次志愿服务活动持满意态度。			
活动评估				
改变范畴	评估指标		评估方式	
态度感受	90%的参与者表示了解到社区服务资源		观察法、统计法	
	向社区居民宣传爱党爱国爱家精神宣传		统计法	
行为	搭建志愿平台，为志愿者提供志愿服务		统计法	
宣传招募方法	□街站外展、社区宣传活动中招募 ☑在过往参加者中宣传招募 □通过上门探访宣传招募		□在社区宣传栏张贴宣传单 ☑通过电话、短信、网络平台等宣传招募 □其他（请填写）	

[①] 该文书来源于广州市心明爱社会工作服务中心，文书内容由江丽仪撰写，未经允许，不得转载。

2. 活动内容

前期工作日程安排				
序号	工作内容	完成日期	负责社工/跟进社工	备注
1	联系街团委，了解落实活动地点、时间、摊位数量等。	2020.11.3	江社工	
2	撰写文书	2020.11.3	谢社工	
3	微信群宣传活动	2020.11.4	谢社工、钟社工	
4	招募志愿者	2020.11.4	谢社工、钟社工	
5	安排落实志愿者分工	2020.11.6	谢社工	
6	活动物资准备	2020.11.6	谢社工、钟社工	

活动当天流程					
序号	时间	工作项目/主题	工作内容	负责社工	备注
1		志愿者线上分工	志愿者工作初步分工和培训	谢社工	
2	8:30—9:00	场地布置	1. 志愿者培训，工作分工 2. 场地布置	全体同事和志愿者	桌椅、水牌、横幅、签到表、笔
3	9:00—11:00	摊位指引，秩序维护	1. 讲解活动目的，指引居民积极参与 2. 维持活动秩序，保证现场有序进行	志愿者1、2	
		党建宣传、社工站服务宣传	宣传党建知识及社工站服务，收集居民的活动反馈意见	钟社工，志愿者3、4	宣传单/板、反馈板、贴纸、笔、志愿者报名表
		市场监管局	饮食用药安全暨消费维权宣传	单位负责人	
		建设水务局	水环境知识进社区		
		小北驿站	社区相亲阁、口腔护理		
		穗江口腔医院	提供口腔咨询服务	医院负责人	
		"明师"教育	培训教育宣传	单位负责人	
		民族文化宣传	1. 指导居民制作手工艺品 2. 海报宣传民族大团结	吴社工、志愿者5、6	手工品道具、宣传单
		社区义剪	社区义剪队志愿者开展现场义剪服务	志愿者7	插板、号码牌
		环保文明行动	组织志愿者开展社区环境整洁(垃圾清洁、共享单车摆放等)，向居民宣传签订保护公约	志愿者8、9、10	垃圾拾物夹、垃圾袋、保护公约
4	11:00—11:30	活动总结	1. 收拾场地 2. 志愿者总结 3. 同事总结	全体同事和志愿者	

3. 活动预估

困难预估及应对方法	
困难预估	应对方法
活动当天遭遇下雨天气,影响活动开展	提前查询天气预报,安排其他时间进行或在能挡雨的场所进行。若出现临时下雨的情况,视情况而定提前结束活动或搭建避雨帐篷。
活动现场限制或社工人员不足,难以安排志愿者开展环境整治行动	视现场环境卫生状况而定,是否开展垃圾清洁或共享单车整理的义务劳动。若社工人手不足将会安排志愿者中的骨干或家长负责统筹管理该部分工作任务。
活动当天参与者较多,不遵守活动的秩序	招募志愿者进行有序的现场管理,安排在活动场地各个入口进行活动指引,维持活动现场秩序。各个摊位至少安排一名志愿者参与摊位排队的管理任务。

4. 活动人员分工

	姓名	工作内容
总负责人	江社工	统筹,联系对接各相关单位及活动内容负责人
协助社工1	谢社工	筹备活动物资,招募志愿者,撰写文书
协助社工2	钟社工	筹备活动物资,招募志愿者
志愿者1—10	/	听从社工分工安排,协助开展活动,维持现场秩序
合作方1	共青团登峰街委员会	联系活动场地,对接各参加单位
合作方2	穗江口腔医院	到场参加摊位活动,助力活动开展

5. 活动物资与财务预算

序号	项目(名称、规格)	数量	单价	费用合计	采购选择
1	矿泉水	4	35	140	B
3	搬运物资	2	20	40	B
	合计			180	

※采购选择说明:A. 委托机构统筹;B. 项目自行采购;C. 其他单位赞助;

6. 附件(无)

7. 活动审批

部长审批	（略） 签名：＿＿＿＿＿＿　日期：＿＿＿＿＿＿
项目主任审批	（略） 签名：＿＿＿＿＿＿　日期：＿＿＿＿＿＿
督导审核	（略） 签名：＿＿＿＿＿＿　日期：＿＿＿＿＿＿
社工回应	（略） 签名：＿＿＿＿＿＿　日期：＿＿＿＿＿＿

4.4 "党建引领,社区营造·自组织培育"志愿服务主题活动计划书①

1. 活动基本资料

活动名称	"党建引领,社区营造·自组织培育"志愿服务主题活动(南洲花苑)	负责社工	梁社工
日期及时间	2020年9月6日 9:30—11:30	活动地点	南洲社区
适用对象	南洲社区居民	预计人次	100
合作单位	□无 ☑有 南洲社区居委会、南洲花苑物业管理处、明德国医堂、广东经纶律师事务所	志愿者招募	☑需要__20__名 □不适宜

活动背景/
理论支持
	社区背景:
	  倡导做文明市民,建设文明家庭,营造文明社区,共创文明城市。创文工作在如火如荼地进行中,社区的环境卫生保护是其中一项重要的内容。经过居委会与物业等的多方联席会议、社区走访观察、居民座谈会、居民访谈,总结出南洲花苑目前存在以下问题:道路、草坪上多生活垃圾和口罩;高空抛物;宠物大小便不清理;楼道、天台堆积垃圾;绿化问题等。总体来看,南洲花苑居民的总体环境保护意识不强,社区内存在诸多环境卫生问题。
	  环境卫生整治是一项民心工程,事关人民群众切身利益,需要居民实际行动、自觉维护和广泛参与。多元参与是社区共治的核心,社区的环境卫生事务需要加大宣传力度以及丰富宣传形式,才能动员更多居民关注和参与。
	  社区环境卫生一直是街道和居委重点关注的问题,瑞宝街社工站从2017年至2020年也一直致力于开展保护环境卫生的系列活动,向居民宣传普及环境卫生保护知识,提高社区居民的环保意识。在党建引领下,本年度瑞宝街社工站重点组参考去年卫生专案的做法,同样把卫生作为重点解决的社区公共问题。在南洲社区党总支部招募党员,积极发挥基层党组织主导作用为改善社区环境卫生出力,构建党组织领导下的基层治理体系,全面提升社区治理能力,带领积极居民参与到社区服务中,努力把社区建设成为共建共治共享的幸福家园。
	  根据以上社区问题和需求,社工设计在南洲花苑开展"党建引领,社区营造·自组织培育志愿服务主题活动"。本次活动集游园游戏、惠民服务、环境卫生宣传动员为一体,通过摊位游戏以及系列惠民服务,营造社区氛围,吸引居民前来参与,不仅满足居民的康娱以及日常需求,还能顺势进行环境卫生的宣传动员。向前来参与活动的居民宣传环保的相关知识,并介绍南洲花苑的社区环境卫生事务,动员居民加入巡逻队,参与后续的环境卫生宣传整治活动。希望通过此类活动,能发掘热心居民,后续做好维系以及居民骨干的培育工作,逐步让其成为社区治理的主导,为改善社区环境卫生出谋划策,从而促进社区共建共治!
	
	理论支持:
	  地区发展模式的含义包含了三个方面:一是强调是一种以地区为基础的经济、社会、文化等实质内容的发展;二是强调是一种发展理念,促进当地居民的需求与当地的资源、环境和人口的协调、可持续发展;三是强调是一种社会工作的介入手法,推动社区居民自下而上的参与、合作,让居民集体组织起来掌握、利用社区资源,解决社区问题,满足社区福利需求,增强社区归属感和凝聚力。

---

① 该文书来源于广州市心明爱社会工作服务中心,文书内容由梁婉婷撰写,未经允许,不得转载。

(续表)

活动目的	通过摊位游戏以及系列惠民服务,营造社区氛围,吸引居民前来参与活动;通过派发宣传单张的形式,向居民宣传环保的相关知识以及南洲花苑的社区环境卫生事务,动员热心居民加入巡逻队以及后续的环境卫生宣传整治活动,促进社区共建共治。
具体目标	1. 至少派发50份环境卫生宣传单张,让居民了解到环保的相关知识,并愿意从自身做起维护环境卫生。 2. 至少80名居民参与到摊位游戏以及惠民服务中。 3. 至少有2名居民或者党员有意愿参与到南洲花苑的社区环境卫生事务当中去。
宣传招募方法	□街站外展、社区宣传活动中招募　　□在社区宣传栏张贴宣传单 ☑在过往参加者中宣传招募　　　　　☑通过电话、短信、网络平台等宣传招募 □通过上门探访宣传招募　　　　　　□合作方(请填写)＿＿＿＿＿ 　　　　　　　　　　　　　　　　　□其他(请填写)＿＿＿＿＿

2. 活动内容

前期工作日程安排				
序号	工作内容	完成日期	负责社工/跟进社工	备注
1	组内讨论,确定活动的时间和形式	2020.8.28	梁社工、刘社工、李社工	
2	与南洲社区居委会、物业管理处沟通活动的相关事宜	2020.8.31	赵社工	
3	撰写活动计划书	2020.8.31	梁社工	
4	购买活动所需要的物资	2020.8.31	梁社工	
5	招募活动志愿者	2020.9.1	梁社工	
6	做好活动前的细节安排与人员分工	2020.9.3	梁社工	
7	准备并清点活动物资,并提前搬运到物管处	2020.9.4	梁社工、刘社工	
8	通知志愿者集合时间和地点	2020.9.4	梁社工	
9	志愿者培训	2020.9.6	梁社工、刘社工	
10	活动开展	2020.9.6	梁社工、刘社工 李社工、陈社工	

活动当天流程					
序号	时间	工作项目/主题	工作内容	负责社工/志愿者	备注(物资)
1	2020.9.4 16:30—17:30	物资运送	清点物资并将物资运送至活动场地	梁社工 刘社工	
2	2020.9.5 9:00—9:20	签到以及场地布置	1. 志愿者、党员,以及合作方签到 2. 搭建好帐篷、挂好横幅、摆好桌子凳子 3. 各个摊位的位置分配,派放所需要的物资,以及张贴好各摊位的指示语、规则等	梁社工 刘社工 李社工	签到表、笔、写字板、志愿者服、桌凳、横幅、游戏道具、宣传资料

(续表)

		活动当天流程			
序号	时间	工作项目/主题	工作内容	负责社工/志愿者	备注(物资)
3	2020.9.5 9:20—9:30	活动分工以及培训	1. 负责社工先介绍活动的内容、流程 2. 按名单进行人员分工 3. 每组的负责社工和志愿者分别针对各组的服务内容进行相应培训	梁社工 刘社工 李社工	活动流程表、人员分工表、志愿者培训义诊摊位由明德国医堂工作人员负责;法律咨询摊位是由律师事务所胡律师负责。游戏摊位和礼品兑换摊位由党员负责;宣传摊位由党员、社工以及志愿者共同负责
4	2020.9.5 9:30—11:00	签到摊位(摊位1)	指引参加活动的居民进行签到,了解活动的规则,并领取印花券与中心宣传单	1对亲子志愿者	活动签到表3张、笔3支、印花卷100张、中心宣传单100张
		游戏:环保知识猜猜猜(摊位2)	参与者自行抽取两个题目进行作答,回答正确即可获得1个印章	1对亲子志愿者	抽奖箱1个、环保知识题目小纸条以及答案、印章1个
		游戏:垃圾分类小游戏(摊位3)	参与者随意选取3张卡片,按照卡片上标识的内容,根据垃圾分类常识,将卡片投放进相应的垃圾分类桶,完成即可获得一个印章	1对亲子志愿者	垃圾分类游戏小道具、印章1个
		游戏:趣味涂鸦(摊位4)	参与者用油画棒完成一张图画的填色,即可得1个印章	1对亲子志愿者	填色图画、油画棒、印章1个
		义诊(摊位5)	为参与者进行中医把脉、测量血压,血糖等,帮助参与者了解自己的健康情况	明德国医堂工作人员	
		义剪(摊位6)	1. 引导需要理发的居民登记个人基本信息 2. 根据登记顺序,安排居民到义剪师傅处剪发	义剪队成员	剪发工具
		法律咨询(摊位7)	普及法律知识,由律师事务所的工作人员现场为居民答疑解惑	律师事务所胡律师	
		礼品兑换(摊位8)	参与者集满2个印章,即可拿着印花卷到本摊位兑换礼品一份(纸巾一包、瓜刨一个)	1名党员	纸巾1箱、瓜刨1箱

(续表)

		活动当天流程			
序号	时间	工作项目/主题	工作内容	负责社工/志愿者	备注(物资)
		宣传摊位(摊位9)+创文宣传	1. 派发环境卫生宣传单张,宣传环保的相关知识,包括垃圾分类、预防登革热、文明养宠、文明过马路等 2. 派发巡逻队招募公告,介绍巡逻队日常工作机制以及后续的宣传整治活动,动员有意愿的居民参加巡逻队或者后续南洲花苑的社区环境卫生事务。有意愿的居民填写报名表,并扫码进群 3. 邀请居民填写反馈表,收集居民对于南洲花苑环境卫生的看法 4. KT板照片展示:包括环境卫生整治前后对比图、巡逻队服务照片等	2名社工、5名党员、3名青少年志愿者	
		垃圾分类入户宣传	跟随环监所以及居委工作人员上门,进行垃圾分类相关知识的入户宣传	环监所、居委工作人员、4名党员	
5	11:00—11:15	活动分享总结	1. 填写活动反馈表 2. 每组分享所负责岗位的大致情况,以及活动感受、收获、建议	梁社工	活动反馈表、笔
6	11:15—11:30	结束,拍合照并收拾场地	全体人员一起拍大合照,再一起整理收拾活动场地	所有工作人员	

3. 活动预估

	活动评估	
改变范畴	评估指标	评估方式
行动、知识	至少派发50份环境卫生宣传单张,帮助居民了解环保的相关知识,并愿意从自身做起维护环境卫生	统计法、访谈法
行动	至少80名居民参与到摊位游戏以及惠民服务中	统计法、居民签到表

(续表)

活动评估		
改变范畴	评估指标	评估方式
意识、行动	至少有2名居民有意愿加入巡逻队或者后续的环境卫生宣传整治活动中	访谈法、报名登记表

困难预估及应对方法	
困难预估	应对方法
社区居民积极性不高	安排志愿者在活动地点附近进行宣传以及介绍活动的内容,1名社工也不定时地观察附近人流情况,指引居民到场参加活动
活动现场的秩序混乱	社工不定时留意各个摊位的情况,维持现场的秩序
居民听不懂普通话或者粤语	在分组时尽量安排每组成员既有讲普通话的也有讲粤语的,方便与居民交流

4. 活动物资与财务预算

序号	物资名称	单价	数量	金额	备注
1	横幅		1条		☑中心自有 □购买 □赞助/资助 □其他
2	志愿者签到表		1张		☑中心自有 □购买 □赞助/资助 □其他
3	党员签到表		1张		☑中心自有 □购买 □赞助/资助 □其他
4	活动签到表		3张		☑中心自有 □购买 □赞助/资助 □其他
5	礼品签收表		3张		☑中心自有 □购买 □赞助/资助 □其他
6	印花卷		100张		☑中心自有 □购买 □赞助/资助 □其他
7	印章		5个		☑中心自有 □购买 □赞助/资助 □其他
8	志愿者服		20件		☑中心自有 □购买 □赞助/资助 □其他
9	中心宣传单		100张		☑中心自有 □购买 □赞助/资助 □其他
10	环境卫生倡议书		50张		☑中心自有 □购买 □赞助/资助 □其他

(续表)

序号	物资名称	单价	数量	金额	备注
11	巡逻队招募公告		50张		☑中心自有 ☐购买 ☐赞助/资助 ☐其他
12	活动反馈表		20张		☑中心自有 ☐购买 ☐赞助/资助 ☐其他
13	KT版+服务照片		1个		☑中心自有 ☐购买 ☐赞助/资助 ☐其他
14	笔		20支		☑中心自有 ☐购买 ☐赞助/资助 ☐其他
15	居民反馈表		20张		☑中心自有 ☐购买 ☐赞助/资助 ☐其他
16	南洲志愿服务报名表		3张		☑中心自有 ☐购买 ☐赞助/资助 ☐其他
17	居民微信群二维码		3张		☑中心自有 ☐购买 ☐赞助/资助 ☐其他
18	垃圾分类游戏道具套装		1套	30	☐中心自有 ☑购买 ☐赞助/资助 ☐其他
19	图画纸+油画棒		1套	35	☐中心自有 ☑购买 ☐赞助/资助 ☐其他
20	环保知识小纸条+答案		30条		☑中心自有 ☐购买 ☐赞助/资助 ☐其他
21	抽奖箱		1个		☑中心自有 ☐购买 ☐赞助/资助 ☐其他
22	桌子		5张		☑中心自有 ☐购买 ☐赞助/资助 ☐其他
23	凳子		15张		☑中心自有 ☐购买 ☐赞助/资助 ☐其他
24	摊位指示语		9张		☑中心自有 ☐购买 ☐赞助/资助 ☐其他
25	游戏规则		3张		☑中心自有 ☐购买 ☐赞助/资助 ☐其他
26	物资运送车费		2	80	☐中心自有 ☑购买 ☐赞助/资助 ☐其他
27	活动分工表		3张		☑中心自有 ☐购买 ☐赞助/资助 ☐其他
28	活动培训		3张		☑中心自有 ☐购买 ☐赞助/资助 ☐其他

(续表)

序号	物资名称	单价	数量	金额	备注
29	活动流程表		3张		☑中心自有 ☐购买 ☐赞助/资助 ☐其他
30	剪刀		1把		☑中心自有 ☐购买 ☐赞助/资助 ☐其他
31	胶布		1卷		☑中心自有 ☐购买 ☐赞助/资助 ☐其他
	合计			145	

5. 活动人员分工

	人数	备注(姓名,特别说明等)
总负责人	1	梁社工
协助社工	2	刘社工、李社工
志愿者	20	(计划时暂未确定可参与的志愿者,可不填写志愿者姓名,但要预计所需志愿者人数)
当天活动的组织与分工(含合办单位的人员指引)	\(具体环节的分工安排\) 梁社工:活动统筹。活动相关事宜沟通、合作方跟进;撰写活动计划书;党员以及志愿者招募;人员分工以及志愿者培训;活动物资准备与清点;活动场地布置;活动当天机动人员,维持现场秩序以及拍照;志愿者分享总结。 刘社工:协助活动开展。活动物资准备与清点;志愿者培训以及签到;活动场地布置;负责宣传摊位部分内容。 李社工:协助活动开展。志愿者签到,负责带领志愿者在摊位进行环境卫生的流动性宣传和动员,并邀请居民填写反馈表。 陈社工:合作方签到;场地布置;游戏摊位以及惠民服务摊位的秩序维持;志愿者分享总结。 党员、亲子志愿者、青少年志愿者:分为三个部分,分别安排到游园摊位、小区内流动性环境卫生宣传动员、入户宣传队伍中去 2020.9.6 活动分工 一、游园活动(梁社工、陈社工) 1. 陈××(亲子志愿者)——签到 2. 曾×(亲子志愿者)——垃圾分类小游戏 3. 蒋×(亲子志愿者)——趣味涂鸦 4. 梁××(亲子志愿者)——环保知识猜猜猜 5. 林×(亲子志愿者)——兑奖 二、环境卫生宣传动员、创文(刘社工、李社工、吴社工) 1. 范××(青少年志愿者) 2. 张×(青少年志愿者) 3. 陈××(亲子志愿者) 4. 王××(青少年志愿者) 5. 严××(党员) 6. 王××(党员) 7. 陈×(党员)	

(续表)

	8. 范××(党员) 9. 邓××(党员) 三、入户宣传(环监所工作人员) 1. 林××(党员) 2. 谭××(党员) 3. 荣××(党员) 4. 郭××(党员) 5. 龙×(党员)

6. 附件

略。

7. 活动审批

项目主任审核	签名：＿＿＿＿＿＿　日期：＿＿＿＿＿＿
督导审阅	签名：＿＿＿＿＿＿　日期：＿＿＿＿＿＿
同工回应	签名：＿＿＿＿＿＿　日期：＿＿＿＿＿＿

4.5 "党心同行·公益扶贫一路'柚'你"扶贫健康餐桌社区行暨迎中秋庆国庆活动计划书[①]

1. 活动基本资料

活动名称	"党心同行·公益扶贫 一路'柚'你"扶贫健康餐桌社区行暨迎中秋庆国庆活动	负责社工	吴社工
日期及时间	2020年9月19日 16:30—18:00	活动地点	好信广场
适用对象	辖区内居民	预计人次	200人
合作单位	□无 ☑有 广东狮子会乐善服务队,南洲社区党总支部	志愿者招募	☑需要<u>30</u>名 □不适宜

活动背景/
理论支持
	活动背景:
	  习近平总书记指出,要采取有效措施,巩固拓展脱贫攻坚成果,确保高质量打赢脱贫攻坚战。消费扶贫,是有效落实这一要求的扶贫方式,也是社会力量参与脱贫攻坚的重要途径。贫困地区的特色产品和消费者相遇,不仅丰富了人们的餐桌,而且在实践中开拓了一条更可持续的扶贫之路。以农产品为例,种植、采购、加工和消费环环相扣,打通了从农户到合作社、从餐饮业到消费者的供应链,连接起有效的供求关系。同时,也有助于调动贫困人口依靠自身努力实现脱贫致富的积极性,促进贫困人口稳定脱贫和贫困地区产业持续发展。
	  瑞宝街对口扶贫梅州市大埔县茶阳镇太宁村,在瑞宝街道办事处的大力支持下,太宁村的村容村貌发生了焕然一新的变化,村民在2019年底已全面实现脱贫。2020年迎来了脱贫攻坚的收官之年,瑞宝街将加大力度帮助梅州市大埔县太宁村推进农业产业发展,促进太宁村村民逐步迈向小康之路。瑞宝街道办事处联合社工站通过开展"健康餐桌"扶贫工作社区行动,倡导辖内居民、企业购买太宁村扶贫农产品,推动消费扶贫,提升太宁村村民投入农业生产的积极性。
	  中秋前夕是大埔蜜柚上市的季节,太宁村40户贫困户种植的32万斤蜜柚的销售牵动着瑞宝街扶贫工作组和居民的心,如何让蜜柚走出太宁村,打开贫困户的蜜柚销售,是我们近期的重要工作之一。此外,在中秋佳节来临之际,心明爱瑞宝街社工站延续以往的服务模式,为辖区内需要帮助的重点家庭提供慰问物资,送去爱心单位和居民捐赠/赞助的慰问礼品,促进他们在传统节日之际感受到来自社会和社区的关怀和问候。
	  随着新冠肺炎疫情防控的常态化,爱国卫生人人受益,疫情防控人人有责,提倡让所有居民的生活行为、生活方式、卫生知识、卫生礼仪等有更多的认识和提升。社工发挥专业服务精神,开展"扶贫健康餐桌"社区行动扶贫项目宣传活动的同时,宣传全民爱国卫生运动,人人有责,倡导从我做起,从日常生活做起,从餐桌卫生做起,人人健康,远离新冠病毒。
	  理论支持:地区发展模式:
	  地区发展模式强调在一个较大的社区范围内鼓励社区居民通过自助或互助的方式,广泛参与社区事务,解决社区问题,推动社区发展。社工借着"扶贫健康餐桌"社区行动系列宣传活动,一方面吸纳更多的社区党员和居民的参与,推动瑞宝街居民广泛关注和参与街道扶贫工作,同时促进瑞宝街的困难家庭在中秋佳节之际感受到来自社会与社区的关爱和问候;另一方面通过健康卫生知识的宣传,提倡社区居民在疫情防控常态化下关注自身健康和提升防控意识。

---

① 该文书来源于广州市心明爱社会工作服务中心,文书内容由吴艳芳撰写,未经允许,不得转载。

(续表)

活动目的	在党建引领下,社工通过线上+线下结合的宣传形式,一方面吸纳更多的社区党员和居民的参与,推动瑞宝街居民广泛关注和参与街道扶贫工作,促进瑞宝街的困难家庭在中秋佳节之际感受到来自社会与社区的关爱和问候;另一方面通过健康卫生知识的宣传,倡导社区居民在疫情防控常态化下关注自身健康和提升防控意识。
具体目标	1. 活动至少促进200位社区居民知晓"扶贫健康餐桌"项目,派发出200份宣传单。 2. 活动至少促进80位社区居民掌握2种餐桌卫生健康知识。 3. 活动中至少慰问50户重点人群,促进他们感受到社区的支持和关怀。
宣传招募方法	☐街站外展、社区宣传活动中招募　　☐在社区宣传栏张贴宣传单 ☑在过往参加者中宣传招募　　　　☑通过电话、短信、网络平台等宣传招募 ☐合作方(请填写)＿＿＿＿＿＿ ☐通过上门探访宣传招募　　　　　☑其他(请填写)<u>电访宣传</u>

2. 活动内容

前期工作日程安排				
序号	工作内容	完成日期	负责社工/跟进社工	备注
1	中心主任召集各合作单位商议活动主题与形式	2020.08.23	赵社工	
2	与街道分管领导及民政科科长沟通活动流程和地点	2020.08.26	赵社工、吴社工	
3	撰写活动计划书初稿给各合作方	2020.08.27	赵社工	
4	制作合作方邀请函、居民捐赠倡议书、扶贫活动宣传单,并转发到社工站各服务群募集活动资金	2020.08.28	饶社工	每天至少转发一次
5	撰写活动计划书,并交由督导审批	2020.08.31	吴社工	
6	开中心组长例会,进行活动前期筹备工作分工	2020.09.01	吴社工	
7	与各合作方沟通赞助经费金额及物资数量	2020.09.02—2020.09.14	中心全体社工	
8	各领域统计需要慰问重点群体的名单	2020.09.02—2020.09.08	饶社工、饶社工	
9	联系广告公司咨询舞台、背景板、音响、座椅、帐篷等活动物资的租用事宜	2020.09.03—2020.09.10	赵社工、吴社工	
10	借用活动场地	2020.09.03	赵社工	
11	撰写活动主持稿	2020.09.11	吴社工	
12	1. 招募活动志愿者 2. 制作邀请函,发给街道领导及合作方	2020.09.14	吴社工、饶社工	

(续表)

前期工作日程安排				
序号	工作内容	完成日期	负责社工/跟进社工	备注
13	1. 制作活动分工表 2. 与太宁村村民沟通现场展销的蜜柚数量及发货事宜	2020.09.15	吴社工	
14	购买活动物资	2020.09.16	黄社工、刘××	刘××为志愿者
15	根据活动慰问名单户数分装好慰问物资	2020.09.17	欧阳社工	
16	1. 确定志愿者人数,并通知志愿者活动的集合地点、时间等事宜 2. 发活动时间、地点定位等给各合作方 3. 通知各表演团体彩排时间及顺序等 4. 社工站工作人员沟通会议 5. 各领域负责通知服务对象参加活动 6. 制作活动水牌、摊位标识等	2020.09.18	吴社工	
17	1. 搬运活动物资到活动现场 2. 志愿者及工作人员分工会 3. 完成舞台搭建及布场等工作	2020.09.19	吴社工	
18	活动开展阶段	2020.09.19	吴社工	

活动当天流程					
序号	时间	工作项目/主题	工作内容	负责社工/志愿者	备注(物资)
1	8:30—10:00	志愿者签到、搬运活动物资	1. 志愿者签到 2. 所有社工及志愿者搬运物资到活动现场	吴社工	笔、签到表 提前租车
2	10:00—10:30	志愿者培训及分工	1. 志愿者岗前培训 2. 介绍活动主题与流程,所有工作人员分工	吴社工	分工表
3	10:30—12:00	布置活动场地	1. 广告公司搭建舞台、背景板、音响调试等 2. 全体工作人员摆放桌椅、帐篷以及摊位物资。	吴社工	根据活动当天分工表执行
4	12:00—13:30	午餐及短休	工作人员及志愿者轮流用午餐及短休	李社工	活动现场确保有人看管物资
5	13:30—14:30	合作方摊位进场	各合作方按照指定位置布置摊位	赵社工	提前在帐篷上贴上单位名称
6	14:30—16:00	活动彩排	1. 各表演团体签到 2. 根据主持人指引,各表演团体进行彩排	李社工	指引团体到指定候场区

(续表)

		活动当天流程			
序号	时间	工作项目/主题	工作内容	负责社工/志愿者	备注(物资)
7	16:00—16:30	服务对象签到	工作人员指引服务对象签到,并安排就座	饶社工	
8	16:30—16:45	领导嘉宾签到	由中心主任负责接到领导并安排就座	赵社工	
9	16:45—16:50	开场节目			
10	16:50—16:55	活动介绍	由主持人介绍本次活动的主题和目的以及到场嘉宾等	主持人	
11	16:55—17:00	领导讲话	邀请街道领导对本次活动致辞	赵社工	
12	17:00—17:10	节目2—节目3			
13	17:10—17:15	有奖问答一	邀请现场居民参与有奖问答:关于扶贫工作5道题		奖品为蜜柚
14	17:15—17:25	启动仪式	1. 瑞宝街温馨工程联盟启动仪式:领导及合作单位代表共同上台 2. 狮子会乐善队代表讲话		启动仪式道具为鎏金沙
15	17:25—17:35	节目4—节目5			
16	17:35—17:45	慰问环节	街道领导及合作方代表上台慰问服务对象		
17	17:45—17:50	有奖问答二	邀请现场居民参与有奖问答:关于扶贫工作5道题		
18	17:50—18:00	节目6—节目7			
19	18:00—18:05	有奖问答三	邀请现场居民参与有奖问答:关于扶贫工作5道题		
20	18:05—18:15	节目8—节目9			
	14:30—18:00	扶贫健康餐桌社区行动摊位	摊位1:派发街道扶贫工作成果、农产品宣传单	欧阳社工	展架、宣传单
			摊位2:认识扶贫项目、农产品互动游戏:"扶贫知识知多少"——居民先了解宣传单上的扶贫相关信息,然后参与知识互动小游戏。	2名志愿者	互动游戏道具

(续表)

活动当天流程				
序号	时间	工作项目/主题	工作内容	负责社工/志愿者	备注(物资)
			摊位3：餐桌健康卫生知识互动小游戏："爱国卫生运动，从我做起"——餐桌卫生礼仪行为拼图互动小游戏	1名志愿者	互动游戏道具
			摊位4：蜜柚实物宣传、展销，促使居民扫码加入农产品展示群，并指引登记购买、付款等工作	5名志愿者	扫码入群登记表，订购农产品登记表及收款二维码(农户张××提供)
			摊位5：给予参加互动游戏和扫码进入农产品展示群的居民发放小礼品，并做好登记	2名志愿者	小礼品(瓜刨、纸巾等)，签收登记表
	14:30—18:00	社工服务宣传	1. 各领域的服务宣传 2. 猜灯谜	3名	灯谜、宣传单、印章等
		各合作方摊位	各合作方根据自身的服务需求展示摊位	由各合作方自行负责	社工需留意摊位是否有按要求开展相应服务
	18:00—19:00	活动结束	1. 指引居民有序离场 2. 所有工作人员收拾场地，并将物资打包运回社工站 3. 进行活动后的分享与总结	全体工作人员	

3. 活动预估

活动评估		
改变范畴	评估指标	评估方式
认知	活动至少促进200位社区居民知晓"扶贫健康餐桌"项目，派发出200份宣传单张	统计法
知识	活动至少促进80位社区居民掌握2种餐桌卫生健康知识	社工观察、活动印花券
感受	活动中至少慰问50户重点人群，促进他们感受到社区的支持和关怀	礼品签收表、参与者反馈

(续表)

困难预估及应对方法	
困难预估	应对方法
活动现场人多形成聚集	1. 摊位和桌椅摆放的位置做好间隔 2. 安排工作人员适时提醒居民要保持一定的距离
当天下大雨	1. 事先看好天气预报,若是阴天或有阵雨,预备好帐篷,照常开展 2. 若是有雷雨台风天气,提前安排改期,并通知参与活动的志愿者和居民

4. 活动物资与财务预算

序号	物资名称	单价	数量	金额	备注
1	易拉宝		10个		☑中心自有 ☐购买 ☐赞助/资助 ☐其他
2	扶贫项目宣传折页		300份		☑中心自有 ☐购买 ☐赞助/资助 ☐其他
3	志愿者签到表		5份		☐中心自有 ☐购买 ☐赞助/资助 ☑其他
4	活动签到表		6份		☐中心自有 ☐购买 ☐赞助/资助 ☑其他
5	横幅		1条		☐中心自有 ☐购买 ☐赞助/资助 ☑其他
6	互动游戏道具		2套		☑中心自有 ☐购买 ☐赞助/资助 ☐其他
7	礼品签收表		2份		☑中心自有 ☐购买 ☐赞助/资助 ☐其他
8	志愿者服、帽子		各30件		☑中心自有 ☐购买 ☐赞助/资助 ☐其他
9	背景板、舞台、音响租用	5 000	1套	5 000	☐中心自有 ☐购买 ☑赞助/资助 ☐其他
10	帐篷租用	100	10	1 000	☐中心自有 ☐购买 ☑赞助/资助 ☐其他
11	桌子租用	20	10	200	☐中心自有 ☐购买 ☑赞助/资助 ☐其他
12	凳子租用	200	4	800	☐中心自有 ☐购买 ☑赞助/资助 ☐其他
13	启动鎏金沙	1 000	1	1 000	☐中心自有 ☐购买 ☑赞助/资助 ☐其他
14	水牌		20		☑中心自有 ☐购买 ☐赞助/资助 ☐其他
15	礼品	50	100	5 000	☐中心自有 ☐购买 ☑赞助/资助 ☐其他

(续表)

序号	物资名称	单价	数量	金额	备注
16	运送物资租车	100	4	400	□中心自有 ☑购买 □赞助/资助 □其他
17	矿泉水	200	2	400	□中心自有 ☑购买 □赞助/资助 □其他
	合计			13 800	

5. 活动人员分工

	人数	备注（姓名，特别说明等）
总负责人	1	吴社工
协助社工	17	赵社工等社工站17名社工
志愿者	30	协助活动当天前期布场及各个摊位的服务推进
当天活动的组织与分工（含合办单位的人员指引）	活动前期筹备分工： 1. 吴社工：活动总统筹，撰写活动策划书和主持稿，制作活动分工表及志愿者招募； 2. 赵社工：负责与各合作方沟通对接、邀请街道领导出席，活动当天负责领导及合作方接待； 3. 家庭组社工：负责有奖问答及灯谜题目的收集，准备有奖问答奖品； 4. 行政黄社工：负责活动节目的收集和对接，确认活动人数、时长等； 5. 重点组社工：宣传摊位各领域宣传资料的收集及准备； 6. 长者组社工：负责捐赠物资的接收； 7. 青少组社工：负责活动慰问物资的购买及准备。 活动当天分工：详见分工表	

6. 附件

7. 活动审批

项目主任审核	 签名：_____ 日期：_____
督导审阅	 签名：_____ 日期：_____
同工回应	 签名：_____ 日期：_____

4.6 "我参与·我健康"健康小卫士项目之儿童健康教育系列活动计划书[①]

一、活动背景

随着科技的不断发展,社会在不断进步,人们的生活方式也发生了巨大的变化,在生活质量不断提升的同时,也出现了大量的健康问题。大部分家庭已认识到健康的生活方式和儿童教育的重要性,但受限于工作时间和课堂时间的冲突,小朋友和家长很少有机会针对健康生活方式进行深入有效的沟通。同时,很多小朋友来到医院,总是表现出恐惧和害怕,生病了也不愿意去看医生。

北京中医药大学深圳医院前身是深圳市龙岗区中医院,是一所集医疗、教学、科研、预防保健、康复、社区服务为一体的三级甲等综合性公立中医院。随着医院的不断发展壮大,社会影响力也在逐步增强,来院就诊的患者及家属也越来越多。为了推广中医药文化,宣传健康生活理念,提升国民素质,社工特开展"健康小卫士"——儿童健康教育系列活动,通过寓教于乐的方式传递健康理念,教会参与者正确的生活方式,激发参与者树立科学健康的生活意识。同时,通过简单的操作体验,让小朋友近距离接触到医疗器械,消除内心的恐惧感。

二、活动主题

"我参与·我健康"——健康小卫士项目之儿童健康教育系列活动

三、主办方

北京中医药大学深圳医院客服部
深圳市龙岗区春暖社工服务中心

四、活动目的

通过愉快的游戏体验,协助家长和孩子树立健康生活意识,学习健康的生活方式和卫生习惯;消除小朋友对医院的恐惧感,能更好地配合诊疗;同时,提供亲子沟通交流平台,加强亲子互动,增强亲子感情。

五、活动目标

1. 80%的参与者能够完成全部闯关环节,掌握至少2种卫生保健技术;
2. 80%的参与家庭能够相互协作,共同参与到活动中,促进亲子互动。

六、活动内容

活动分为7个版块的内容,参与者以闯关的方式完成所有环节的内容,最终取得"健康

[①] 该文书来源于深圳市龙岗区春暖社工服务中心,文书内容由廖晓玲撰写,未经允许,不得转载。

小卫士"奖状及印章一枚,健康资料若干。

活动版块:

1. 洗手有妙招:此环节为个人参与环节,大人和小孩都可以参加。目的在于教会参与者正确的洗手方法,告知大家都要注意手部卫生。工作人员分解动作示范,带领小朋友学习七步洗手法(配合图片展示)。

2. 牙博士刷牙:此环节为个人参与环节,仅限小孩参加,大人可在一旁协助。目的在于教会参与者正确的刷牙方法和注意事项,培养小朋友刷牙意识。

(1) 工作人员讲解刷牙的注意事项,示范正确的刷牙步骤(配合图片展示)。

(2) 小朋友在牙齿模具上进行练习,操作合格即通过。

3. 近视体验馆:此环节为个人参与环节,目的在于让小朋友体验到视物模糊的不适感,激发爱眼意识,培养良好的用眼习惯。

(1) 参与儿童通过"特制纸箱"感受近视与非近视的同一生活场景,体验近视给生活带来的不便,从而增强儿童的爱眼意识。

(2) 在"特制纸箱"里还放有简单模糊的数学题和动物图片,参与儿童说出正确答案视为通关。

4. 一身都是宝:此环节为亲子合作环节,目的在于提升儿童对于中医药传统文化的兴趣,增加对中药材的了解。

(1) 参与儿童在众多莲花部位卡片中,如"莲花""荷梗""莲须""莲子"等9个部位,自由挑选3张;

(2) 工作人员告知参与儿童及家长其所选部位的中药功效;

(3) 工作人员将中药功效卡片打乱,家长一一进行正确归位后即可获得相应积分。

5. 人体的秘密:此环节为亲子互动环节,目的在于让小朋友认识人体器官,了解身体的内部构造。

(1) 事先准备一件白色马甲,请家长穿上;

(2) 社工给小朋友讲解人体的五脏六腑及其功能,图片展示人体内部结构;

(3) 小朋友将内脏器官魔术贴贴在马甲上;

6. 食物金字塔:此环节为亲子互动环节,目的在于让亲子学习健康膳食。

(1) 工作人员从30余种食物模型中随机抽选6种;

(2) 参与儿童参考"膳食宝塔",将食物放入标有"吃最多""吃多些""吃适量""吃最少"的框内。工作人员根据儿童的回答进行均衡膳食的建议,并赠送膳食宝塔的冰箱贴一个。

7. 兑换战利品:参与者全部通关后,凭通关令即可兑换"健康小卫士"勋章及证书,颁发博物馆参观券,领略中医药文化的博大精深。

七、活动安排

1. 活动对象:来院就诊的儿童及家长,100人

2. 活动时间:3月24日10:00—11:30

3. 活动地点:门诊阳光大厅

4. 活动宣传及招募:

(1) 通过医院、健康资源中心微信公众号发布活动信息;

(2) 现场宣传招募,张贴活动海报、摆放易拉宝。

八、活动流程及活动当天安排

序号	时间	环节	内容	负责人
1	2.28	方案策划	(1) 确定活动内容 (2) 讨论修改方案	(1) 廖社工 (2) 彭社工
2	3.15	活动前期准备	(1) 与客服部沟通确定方案、人员、场地安排 (2) 与博物馆确定是否合作,确定各自的分工	(1) 廖社工 (2) 彭社工
3	3.18—3.24	宣传、招募	(1) 宣传海报 (2) 发布招募链接 (3) 科室沟通 (4) 撰写通讯稿 (5) 义工招募	(1)(2)(3)(4) 廖社工 (5) 张社工
4	3.22	行前会	(1) 当天活动流程及分工安排的讨论 (2) 明确各自的分工安排	全体社工

人员分工:1. 洗手有妙招—义工 A　　2. 牙博士刷牙—邱社工/廖社工
3. 近视体验馆—彭社工　　　　　4. 一身都是宝—博社工/廖社工
5. 人体的秘密—张社工　　　　　6. 食物金字塔—义工 B
7. 兑换战利品—义工 C、D　　　　8. 拍照—徐社工

序号	时间	环节	内容	负责人
5	活动当天 8:00—10:00	会场布置	(1) 检查道具和游戏材料 (2) 摆放桌椅 (3) 义工培训 (4) 布置场地	全体人员
6	活动当天 10:00—11:30	游园活动	(1) 板块活动内容同时进行 (2) 拍照 (3) 秩序维护 (4) 意见反馈表填写	(1) 全体人员 (2) 徐社工 (3) 义工 (4) 义工
7	活动当天 11:30—11:45	活动结束	(1) 合影留念 (2) 清理会场	全体人员

九、预计困难及解决方法

预计困难	解决办法
1. 参与人数不足	加大宣传力度,当天安排义工现场宣传招募
2. 活动现场氛围不够热烈	可以在活动中设置背景音乐,营造轻松的氛围
3. 参与者热情不足	设计轻松好玩的游戏,过程中给予积极的鼓励和引导

十、活动评估

评估内容	评估方法	评估时间
1. 参与者活动感受	意见反馈表、现场观察、访谈等	活动中
2. 对活动效果的评估	反馈表汇总评估、现场观察、活动总结	活动后
3. 对活动改进意见	活动方案评估、活动总结、访谈	活动后

十一、所需物资及财务预算

序号	名称	单价	数量	小计	备注
1	签到表、反馈表	/	/	/	社工自备
2	笔	/	10支	/	社工自备
3	通关卡	/	80张	/	社工制作
4	小卫士证书	/	80张	/	社工制作
5	小卫士勋章	/	80个	/	已有
6	牙齿模具	/	3个	/	已有
7	牙刷	/	3个	/	已有
8	近视体验馆道具	/	/	/	已有
9	人体器官道具	/	/	/	已有
10	中药材道具	/	/	/	社工制作
11	矿泉水	/	10瓶	/	已有
12	水果篮	/	6个	/	已有
13	免洗手液	/	1瓶	/	医院申请
14	食物模型(蔬菜、水果、包子、肉类等)	/	1批	200元	机构申请
15	膳食宝塔冰箱贴	1元/个	100个	100元	机构申请
16	税费	/	/	50元	机构申请
总计				350元	

	活动负责人	审核人
姓名		
日期		

4.7 "盏鬼儿童节趣致登场与你'童'乐六一"活动计划书[①]

活动基本资料	活动名称	盏鬼儿童节趣致登场与你"童"乐六一	编号	QZDS1920-FP0510
	活动时间	2020.5.21—2020.6.3	活动地点	线上
	活动负责人	陆社工、邱社工	活动对象	大石辖内12岁以下儿童
	预计参与人数	40~50人	活动性质	小型

活动背景及理论	➢ 目标人群的问题及需求： 依据本年度需求调研，外展社工前期走访20个村居的数据显示，社区人群较为复杂，在儿童兴趣发展方面需要更多的引导支持；受疫情影响，活动受到空间、时间或出行等因素的影响较大，家长们期待有更多的平台及机会参与服务，有建立或拓宽家庭社区支持网络的需要。在过往服务中也有家长提到平时难有机会让儿童展示自我，希望有更多的交流渠道，拓宽儿童的人际交往圈，增强自信。国际"六一"儿童节即将到来，大石街社工服务站联合街团工委计划开展本次庆六一活动，通过作品征集、线上投票的方式提供社区儿童展示兴趣的平台。 ➢ 理论： "优势视角"是社会工作领域的一个基本范畴、基本原理，是指社会工作者所应该做的一切，在某种程度上要立足于发现、寻求、探索及利用案主的优势和资源，协助他们达到自己的目标，实现他们的梦想。优势视角的基本信念包括：(1) 赋权；(2) 成员资格；(3) 抗逆力；(4) 对话与合作。优势视角强调每个个人、团体、家庭和社区都有优势（财富、资源、智慧、知识等）。 我们相信社区内儿童每人都是有自身的优势，用家长、家庭和社区的优势，用家长们的自身资源分享投票的方式让孩子们的声音被听到，需要得到满足，"不公平"受到重视，从而增强儿童自信。结合社工站、儿童、家长等多方优势，让活动对象展示自我，增强信心，发展兴趣。

活动目标	1. 搭建辖内儿童参与社区平台； 2. 营造起儿童友好的社区环境。

成效指标及评估方法	➢ 成效指标： 1. 参与人数达到40人以上，投票链接中浏览次数10 000以上，投票数达3 000以上； 2. 通过网络、家长等渠道宣传，使活动产生广泛的影响，形成关爱儿童的社区友好环境氛围。 ➢ 评估方法： 投票帮小程序、居民访谈

工作计划/活动具体流程	一、前期准备				
	时间	主题	内容	负责人	备注
	2020.5.16	与合作方确定活动初步方案	与团工委负责人对接好礼品、活动流程	邱社工	
	2020.5.17	确定计划书	活动计划撰写、修改、定稿	陆社工、邱社工	
	2020.5.19	宣传单定稿	宣传单制作、修改	陆社工	

[①] 该文书来源于广州市天河区启智社会工作服务中心，文书内容由陆靖、邱文霞撰写，未经允许，不得转载。

(续表)

二、活动当日				
时间	主题	内容	负责人	备注
2020.5.20—2020.5.29	线上宣传、征集作品	在线上各个家长群中宣传,向大石街辖内征集作品,具体如下: 作品征集时间:即日起—5月29日24点 作品投票时间:5月30日10点—6月1日24点 活动对象:大石街辖区内12岁以下儿童 作品类型:(1)才艺小能手:唱歌、跳舞、表演等 (2)故事小能手:讲故事(中、英文绘本) (3)创意小能手:生活小妙招、科学小实验、趣味视频等 作品提交方式:(1)添加微信提交作品 (2)邮件名"儿童姓名＋参与主题＋作品名称"＋作品,发送到邮箱 评选结果:(1)才艺小能手(共7名):荣誉证书＋棋盘1份; (2)故事小能手(共7名):荣誉证书＋填色故事画册1份; (3)创意小能手(共7名):荣誉证书＋叠叠高积木套装1份; (4)力行奖:凡提交作品者,均可获荣誉证书＋力行奖品1份(神秘礼物)。	陆社工	
2020.5.30—2020.6.1	作品投票	主办方制作投票链接,参赛家庭可转发至朋友圈/微信群,邀请亲友为自己的作品投票(占评分比例50%)。活动结束后,社工在3个工作日内确定获奖名单,并联系参赛家庭、发放活动礼品。	陆社工、邱社工	
2020.6.2—6.3	专家评审	同时主办方评审老师对参赛作品进行评选(占评分比例50%),最终评选获奖者。	全工作人员	
2020.6.4	确定最终名单并公布	公布获奖名单,联系获奖者领取活动礼品。	陆社工	

(续表)

	三、活动后期				
	时间	主题	内容	负责人	备注
	2020.6.6—6.13	活动礼品派发	为期一周的活动礼品领取时间	陆社工	
	2020.6.6	活动归档	活动文书、照片归档	陆社工	

人员分工	活动计划、活动征集、活动投票:陆社工 活动对接、活动洽谈:邱社工			
经费预算	物品名称	数量	单价(元)	小计(元)	合计(元)
	荣誉证书	50本	5	250	920 (由合作方及团工委提供)
	孔明锁	1套	250	250	
	棋牌	7套	20	140	
	画册	7套	20	140	
	积木	7套	20	140	

预计困难	解决方法
征集的作品数量少	1. 向过往服务对象定向邀请参与,居民带动参与、村居帮忙宣传、合作伙伴的协助宣传。 2. 在公众号发布征集信息,增加覆盖面。
预计困难	解决方法
征集作品的类型数量差距较大	视情况增加、调整奖项,以鼓励儿童参与为主

督导意见	
	督导签名:　　　　　　日期:

主任审批	
	主任签名:　　　　　　日期:

社工签名:_____　　　日期:_____

4.8 "阳光心理,快乐成长"青少年心理健康文化广场活动计划书[①]

活动基本资料	活动名称	"阳光心理,快乐成长"青少年心理健康文化广场活动	编号	
	活动时间	2020.10.19 16:00—18:00	活动地点	××中学操场
	活动负责人	曹社工	活动对象	高一学生
	预计参与人数	650	活动性质	大型
活动背景及理论	➢ 目标人群的问题及需求: 近年来我国有关调查表明,心理疾患的高发病率已经成为当前危害我国青少年身心健康的一大突出问题。我国青少年中约有35%的人存在着障碍性心理表现。青少年时期是人生成长的必经阶段,也是人生的黄金时期。青少年正处于求学阶段,接触的朋辈较多,容易受到学业及交友方面的问题困扰。再者,青少年在生理方面有较明显变化,往往导致情绪及行为方面出现偏差,造成滥用物质、吸烟及酗酒等行为,严重的更会有抑郁倾向及自杀行为。目前我国青少年的心理健康问题已经引起了社会的普遍关注,加强对青少年进行心理健康教育势在必行。 2020年,青少年社工在与老师访谈中了解到,学校老师普遍认为心理咨询服务是目前学生的一大需求,心理问题的凸显主要体现在青少年普遍面临升学适应、人际交往等困扰问题,大部分青少年在面临问题时由于欠缺相应的指引,出现了系列的心理问题,严重影响了自身的学习、生活,更有甚者出现了严重的偏差行为,譬如逃学、厌学、酗酒、抽烟、斗殴、网瘾等。 为了加强青少年的心理素质,营造良好的关爱心理健康的氛围,创造一个健康积极的学习生活环境,大石社工站联合××中学将在该学校心理周期间举办"阳光心理,快乐成长"心理健康文化广场活动,让同学们在轻松愉快的活动氛围下释放负面情绪,树立正确的心理健康观念,初步认识心理健康知识。 ➢ 理论: 增强权能理论是社会工作重要理论之一,它强调关注服务对象的强项,发掘服务对象的潜能,增强服务对象的权能,协助服务对象获得其对自身资源及周围资源的分配控制能力。青少年群体由于自身的心理、生理发展不平衡,容易受到家庭、学校、朋辈群体、社会以及自身等主客观不良因素的影响而出现问题,可能会出现心理状态低下、行为偏离正轨、家庭关系紧张、社会交往偏少,他们常常处于"无权状态"——权能缺失、权能隐匿及饱受无权感。故本活动以增权理论为视角,从"社区、学校"的维度切入,做好青少年心理问题的预防,开展心理健康教育方面的活动,帮助青少年树立正确的心理健康观念,增强他们自身的社会功能,促进他们身心健康成长。
活动目标	1. 青少年在轻松愉快的活动氛围下释放负面情绪,初步认识心理健康知识。 2. 促进青少年间的沟通交流。
成效指标及评估方法	成效指标: 1. 70%的参加者能够在活动中释放负面情绪,感受到快乐。 2. 70%的参加者了解至少一种心理健康知识。 3. 70%的参加者在参与游戏过程中与他人进行了良好的互动,并合作完成团队游戏任务。

[①] 该文书来源于广州市天河区启智社会工作服务中心,文书内容由曹贝明撰写,未经允许,不得转载。

(续表)

	➢ 评估方法： 1. 观察法：通过社工、摊位志愿者观察和反馈任务完成情况。 2. 问卷法：满意度调查。				
工作计划/活动具体流程	一、前期准备				
	时间	主题	内容	负责人	备注
	10月11日—12日	计划书	拟写活动计划书	曹社工	
	10月13日—14日	与校方沟通、确定方案	与学校联系，确定活动开展时间	曹社工	
	10月14日	查找素材	1. 宣传区：找一些与心理健康相关的文章 2. 互动区：设计相关的心理游戏	曹社工	
	10月15日	活动物资	活动物资清单、购买活动物资	谭社工、曹社工、学校马老师	
	10月16日	人员协助	招募学生志愿者30名	谭社工、曹社工	
	10月18日	准备物资	准备活动场地等物资	谭社工、曹社工、颜社工、卢社工	
	14:30—15:00	前期准备	社工运送物资到学校，组织社工和志愿者进行现场布置（与老师协商午休时请学生志愿者布置好场地）。	曹社工、谭社工、志愿者	桌子、凳子、帐篷（待定）
	15:00—15:20	1. 现场分工协调 2. 注意事项讲解	摊位工作内容介绍及游戏示范 明确任务 各种突发情况及应对的讲解	曹社工、志愿者	分工
	15:20—15:50	前期准备	所有工作人员到达指定摊位，准备就绪	所有人员	摊位道具
	15:50—16:00	签到	1. 提前请老师派发给学生，一人一张券，签好名 2. 预留部分兑奖券在现场签到派发，工作人员指引签到	志愿者2名	签到表*13份、兑奖券*650张
	16:00—17:40（摊位游戏）	宣传区	展板1. 心理展板文字资料 展板2. 学生心理调适手册 展板3. 心理健康知识宣传册 宣传：社工站的服务宣传和现场志愿者咨询	卢社工+志愿者2名	社工站三折页、志愿者服务表、展板3个

(续表)

一、前期准备

时间	主题	内容	负责人	备注
16:00—17:40（摊位游戏）	趣味心理测试区	1. 趣味动物测试 物资：动物性格测试题目 2. 趣味迷宫测试 物资：心理测试图片 3. 寄语未来 以"寄语未来"为主题，请同学们给未来的自己写一封信。学期末可从心语室领回。	谭社工＋6名志愿者（每个摊位2名）	动物性格测试题目、心理测试图片、信纸
	趣味游戏互动区	4.【心情体验】团体检测站 每位成员从不同颜色的纸中挑选一张纸，代表自己进入新学校的心情，并写下原因，贴在展板上。 5.【沟通体验】我说你画 人际沟通是一个双向的过程。有时候你所表达的并不一定就是别人所理解的。你所听到的未必就是别人想表达的。沟通并不是一件简单的事情，需要双方不断反馈、调节沟通方式，才能达到沟通的最佳效果。 6.【合作体验】竞走毛毛虫（多人夹着气球到达指定地点） 7. 坐地起身 8.【认识自己的人际圈子】挖掘人际财富 ① 把你愿意与他交流秘密和心里话的人名定在1号圈。 ② 把你经常愿意和他一起游戏玩耍，但不会分享秘密和心里话的人名写在2号圈。 ③ 把你知道名字，但玩的不太多的人名写在3号圈。 9.【情绪ABC】情绪执笔ABC | 事情A	认知感受B	结果C | |---|---|---|
老板娘将我和旁桌女孩的餐盘摔在餐桌上	我B1：老板娘为什么这么对我	我C1：压抑、愤怒
	女孩B2：老板娘今天心情不好	女孩C2：继续淡然吃饭		颜社工＋12名志愿者（每个摊位2名）	心形小卡纸、我说你猜题目、气球、人际财富纸张、白纸

(续表)

二、活动当日				
时间	主题	内容	负责人	备注
		两人一组,仿写以上的例子,一人写下近期令自己不开心的事情,一人针对该事件运用ABC理论调整不良情绪。PS:KT板写上		印章、KT板、印章
	活动兑奖区	集齐所有摊位印章可以兑换奖品。		
17:40—18:00	反馈及结束	社工对参加者进行采访,了解参加者对本次活动的感受,收集活动的反馈意见。 社工和志愿者清理场地,活动结束。		

三、活动后期				
时间	主题	内容	负责人	备注
活动结束后一天	总结反馈	针对活动现场气氛、效果与校方进行反馈		
活动结束后一天	通讯稿	收集照片,撰写通讯稿,发给校方一份		

人员分工	1. 学校 周老师:活动方案设计的审核; 冼老师、马老师:活动细节对接沟通、心理健康知识宣传材料的审核; 马老师:校方活动物资采购。 2. 社工站 曹社工:活动方案设计、沟通对接; 谭社工、颜社工:社工站活动物资筹备; 卢社工:宣传区负责社工及活动现场机动人员。				

经费预算	物品名称	数量	单价(元)	小计(元)	合计(元)
	签字笔	3盒	24	72	
	KT板	15张	5	75	
	警戒线	5卷	5	25	302
	心形便利贴	20本	3	60	
	卡纸	20张	2	40	
	印章	20个	1.5	30	

预计困难	解决方法
活动现场学生秩序失控	提前安排工作人员做好指引,学生参加每一项活动都需要排队,保证活动有序进行。 摊位名称和规则用KT板制作显眼的标识。

(续表)

预计困难	解决方法
由于是开放性场地,学生可能会因为隐私、害羞等原因不积极参加现场咨询	工作人员可以提前准备一些有趣的心理小测试,吸引学生。
督导意见	督导签名： 日期：
主任审批	主任签名： 日期：

社工签名：_____ 日期：_____

场地布置图：

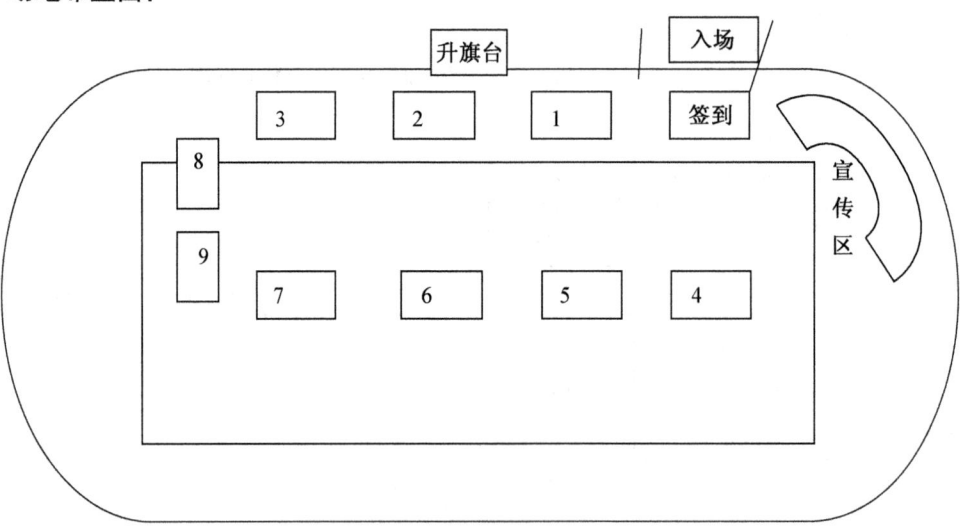

4.9 "荒岛救援"××学校高中部团辅活动计划书①

1. 活动基本资料

活动名称	"荒岛救援"××学校高中部团辅活动	负责社工	何社工、陈社工、孔社工、曾社工、黄社工
日期及时间	2019年6月3日 08:00—10:00	活动地点	天胜社区
适用对象	高中学生	预计人次	50
合作单位	☑无 □有_____	义工招募	☑不需要 □需要_____名
活动背景/理论支持	活动背景： 　　由于一些观念上的束缚，××高中学生对心理健康的重视一直未能达到对学习成绩重视的程度，有时甚至为了学习成绩而牺牲其身心健康。对学习成绩好的学生百依百顺，讲究"一俊遮百丑"，还养成了一些"好"学生的骄傲和虚荣心理；而对学习成绩差一点的学生动辄训斥，肆意讥讽，美其名曰"恨铁不成钢"，往往造成一些"差"生的自卑和逆反心理。从心理健康的角度看，这种观念和做法对"好"学生和"差"学生的健康发展都是有害的。需要正确的学业心态和心理发展方向，使之不悲伤，不消极，用积极的态度投入到学业和生活中。 理论支持： 　　班杜拉认为社会学习理论是探讨个人的认知、行为与环境因素三者及其交互作用对人类行为的影响。按照班杜拉的观点，以往的学习理论家一般都忽视了社会变量对人类行为的制约作用。他们通常是用物理的方法对动物进行实验，并以此来建构他们的理论体系，这对于研究生活于社会之中的人的行为来说，似乎不具有科学的说服力。由于人总是生活在一定的社会条件下的，所以班杜拉主张要在自然的社会情境中而不是在实验室里研究人的行为。		
活动目的	让学生学会克服自卑胆怯，面对困难，增强自信心，正确应对学业压力。		
具体目标	1. 让至少30名学生理解团队合作精神。 2. 提高30名学生的协助能力与默契度。		
宣传招募方法	☑街站外展、社区宣传活动中招募 ☑在过往参加者中宣传招募 □通过上门探访宣传招募	☑在社区宣传栏张贴宣传单 □通过电话、短信、网络平台等宣传招募 □其他(请填写)_____	

2. 活动内容

前期工作日程安排				
序号	工作内容	完成日期	负责社工/跟进社工	备注
1	与××学校高中部老师沟通，了解团辅要求；	2019.5.8	陈社工、何社工	
2	沟通场地及准备事宜；	2019.5.8	何社工	
3	完成活动计划书，给予计划书主任、同工过目；	2019.5.23	何社工	

---

① 该文书来源于广州市心明爱社会工作服务中心，文书内容由何艾文撰写，未经允许，不得转载。

(续表)

前期工作日程安排				
序号	工作内容	完成日期	负责社工/跟进社工	备注
4	和同工商量讨论活动的分工、内容和需要准备的物资等,并对此进行协调调整;	2019.5.24	何社工	
5	和场地的负责人进行沟通协调,商量活动的时间、活动场地、活动物资等信息;	2019.5.24	何社工	
6	对活动场地进行提前的视察,计划好场地的布置;	2019.5.25	何社工	
7	准备活动所需的物资。	2019.5.25	何社工	
活动当天流程					
序号	时间	工作项目/主题	工作内容	负责社工	备注
1	8:00—8:05	签到	活动参与人到签到处签到。	协助:曾社工、陈社工	
2	8:05—8:10	开场	社工自我介绍。	主持:何社工 协助:陈社工、孔社工、曾社工、张社工	
3	8:10—8:15	热身游戏:翻滚圈圈	学生与社工与老师排成一条直线,然后把呼啦圈从左边转到右边。	负责:何社工、陈社工、孔社工、曾社工、张社工 协助:老师	
4	8:15—8:20	分组	团队成员分成A、B、C、D、E五组,并自行决定各组组长。	负责:何社工 协助:陈社工、孔社工、曾社工、张社工	
5	8:20—8:30	坚持到底	具体步骤:学生双手平举,双脚尽量垫高,看哪一个组能坚持到最后。	负责:陈社工、孔社工、曾社工、张社工、何社工	
6	8:30—9:10	荒岛救援	具体步骤:将每组学生分成两组分别是盲人组、哑巴组。 情景:盲人遇到洪水,住在安全岛的哑巴居民要利用救生板抵达盲人岛,将盲人岛居民安全救出。 一共有三次救援、每一次救援都会减少救生板的数量。 1. 第一次救援每一个小组有8块板,哑巴组把盲人组救援到安全岛; 2. 第二次救援每一个小组有4块板,哑巴组把盲人组救援到终点岛; 3. 第三次救援每一个小组有2快板,全部哑巴组成员把全部盲人组救援到终点岛。	负责:何社工、陈社工、孔社工、曾社工、张社工 场务:老师 拍摄:何社工、陈社工、孔社工、曾社工、张社工	

(续表)

活动当天流程					
序号	时间	工作项目/主题	工作内容	负责社工	备注
6	8:30—9:10	你是我的眼(方案B)	具体步骤:每小组分成A、B两队进行,A队负责指挥,B队需要蒙上眼睛。A队指挥B队通过前面的障碍物,拾起任务物品原路返回,把任务物品放在指定的位置后方可过关,锻炼彼此之间的协作能力与默契程度。	负责:何社工、陈社工、孔社工、曾社工、张社工 场务:老师 拍摄:何社工、陈社工、孔社工、曾社工、张社工	
7	9:15—9:25	分享交流	分享这一次团辅活动的感受。	主持:张社工、曾社工、陈社工、孔社工 拍摄:何社工	
8	9:25—9:35	总结	总结这次活动的目的。	主持:老师、孔社工、何社工 协助:陈社工、曾社工、张社工	

3. 活动预估

活动评估		
改变范畴	评估指标	评估方式
学生对团辅活动理解	80%以上的学生	观察、对话交流
学生表达出团辅感受	80%以上的学生	观察、对话交流

困难预估及应对方法	
困难预估	应对方法
团辅时间短,深入性不足	完善设计服务环节
天气恶劣	室内进行

4. 活动物资与财务预算

序号	物资名称	单价	数量	金额	备注
1	眼罩	0	50	0	☑中心自有 ☐购买 ☐赞助/资助 ☐其他
2	呼啦圈	0	1	0	☑中心自有 ☐购买 ☐赞助/资助 ☐其他
3	报纸	0	40	0	☑中心自有 ☐购买 ☐赞助/资助 ☐其他
4	签到表	0	2	0	☑中心自有 ☐购买 ☐赞助/资助 ☐其他

(续表)

序号	物资名称	单价	数量	金额	备注
5	笔	0	50	0	☑中心自有 ☐购买 ☐赞助/资助 ☐其他
6	零食	10	29	290	☐中心自有 ☐购买 ☐赞助/资助 ☐其他
	合计			290	

5. 附件

6. 活动审批

领域组长审批	签名：_____ 日期：_____
项目主任审核	签名：_____ 日期：_____
同工回应	签名：_____ 日期：_____

4.10 "景泰一家亲"景泰街户外亲子活动计划书

一、活动主题

"景泰一家亲"景泰街户外亲子活动

二、活动口号

参与是一种快乐,合作是一种幸福,创造是一种享受

三、活动背景

景泰街注重建设社区文化,加强和谐社区邻里关系工作,营造良好的社区氛围。亲子关系是家庭中的纽带,影响着家庭的和谐与发展,进而影响着社区文化,社区文明和谐。因此,促进亲子关系和邻里关系的和谐发展,对社区氛围的营造和可持续发展意义非凡,有利于为孩子们提供健康成长的良好环境,为社区居民创建文明、融洽、自然的美好社区。

四、活动目的

1. 通过本次户外亲子活动放松人们平日忙碌的心情,培养孩子的创造性,促进家庭内部的互动,使亲子关系更加密切。
2. 通过本次活动的开展,促进邻里关系的良好发展,营造社区的和谐氛围,加深居民对社区的认同感和归属感。

五、活动对象

10～20个家庭,40～60人

六、活动时间

20××年6月1日

七、活动地点

华南植物园

八、工作人员安排

1. 主持人:2人
2. 交通负责人:1人
3. 总场地安全监督员:5人
4. 游戏带领人:4人
5. 签到员:2人
6. 物品保管员:2人

7. 休息区（准备水、水果、食物）：1人
8. 医护区：医护人员1人

（注：急救箱包括花露水、风油精、碘伏、双氧水、绷带、云南白药、创可贴、藿香正气水、剪刀等）

九、活动流程

项目	进行时间	主要内容
抵达，签到	10:00	
1. 主持人开场	10:00—10:05	见主持人讲稿
2. 社区领导发言	10:05—10:10	
3. 热身游戏	10:10—10:25	见附表1
4. 分组	10:25—10:40	见附表1
5. 相互认识	10:40—10:50	见附表2
6. 亲子活动一	10:50—11:10	见附表2
7. 亲子活动二	11:20—12:00	见附表3
8. 自由活动	12:00—13:30	见附表3
9. 亲子活动三	13:30—14:10	见附表3
10. 问卷调查	14:20—14:35	见附表4
11. 交流分享	14:35—14:55	见附表4
12. 领导总结，闭幕	14:55—15:00	见附表4

十、注意事项

1. 签订安全协议（由中心办公室进行）
2. 活动前：
① 家长应做好防晒、防暑、驱蚊工作，带好帽子、遮阳伞、雨具、毛巾等；
② 建议为孩子准备一两套备用衣物；
③ 建议大家穿便于活动的宽松衣裤、鞋子。
3. 活动中：
① 建议家长不要离开孩子，陪伴孩子进行活动；
② 家长最好不要中途离开，如有事需离开请通知负责人；
③ 请爱护场地内的设施、花草等。

十一、突发事件及处理方案

1. 人员中暑（头晕等）：湿毛巾冷敷，供给少量盐水、绿豆汤、藿香正气水等，忌大量水分；
2. 在活动中受到意外伤害（手割伤：及时清洗伤口，贴创可贴；被蚊虫叮咬、扭伤、摔伤

等及时请医护人员处理);

3. 误食或误饮等应立即送往医院;

4. 孩子、居民之间发生纷争,需调解员及时调解(社区工作人员);

5. 天气突变预防,提前了解天气状况。

十二、紧急疏散方案

在活动过程中,如果遇到突发灾难(火灾、地震等),每组负责人带领居民组织疏散。请家长带好自己的孩子,沉着冷静、不要惊慌,听从小组负责人指挥,安全有序地撤离到空旷的地方(儿童老人优先)。所有工作人员必须严格认真负责,组织好撤离工作,注意撤离过程中的安全。

十三、活动物品和经费预算

物品	数量	单价(元)	总价(元)
横幅	1个	200	200
海报	2个	50	100
小玩具、小饰品	30个	15	450
饺子皮	12斤	4	48
饺子馅	30斤	15	450
儿童白色纯棉T恤	15件	20	300
笔	50支	2	100
医药箱	1个	50	50
总计(元)			1 698

十四、交通安排

由景泰街家庭综合服务中心统一安排车辆。

十五、活动评估

1. 评估内容:

① 活动现场气氛。

② 活动参与者反馈。

2. 评估方法:

① 观察法。

② 访谈法。

4.11 "长者康乐趣味运动会"活动计划书[①]

一、活动背景及理念

适当的体育锻炼对于增强体质有着明显的作用。老年人保持适度的运动,对提高和改善心脏功能,保持血液流通顺畅、改善呼吸系统的功能,使机体获得更多的氧气,增强机体各组织器官的生理功能,提高对环境的适应力,改善新陈代谢,提高免疫功能和人体素质有着积极的效果。对于糖尿病、高血压、中风、动脉硬化等老年人易患的病也有很好的防治作用。而通过运动锻炼,保持或恢复一定的肌力,是长者能保持生活自理的重要条件。另外,研究显示,体育运动也是调节情绪的有效途径之一,能提高心理健康水平,保持健康的情绪。缺乏锻炼,则可能会加速人的身体各组织功能的衰退。

运动锻炼有时候会是一件枯燥的事情,对于身体功能逐渐衰退的老年人尤其如此,这可以通过以康乐游戏得以改善,达到运动与娱乐的双重效果。

社区中高龄长者的运动积极性并不是很高,长者缺乏体育锻炼。原因是多方面的,其中一方面的原因是长者年纪一般都在70岁以上,身体功能衰退,行动多有不便。一些常见的运动因为剧烈程度过大不能为长者所接受,长者可选择的运动范围很窄。这就需要针对长者的生理特点和实际情况,设计一些适合长者从事的体育运动,让长者能从中享受到乐趣,提高长者运动锻炼的积极性。

二、理论

(一)活跃理论

活跃理论(Activity Theory)认为长者的生活满足感与他们参与活动有关,成功适应晚年生活的长者能够保持活力,尽量不从社会生活中退出来。此外,如果保持中年期的活动,便能够适应晚年生活,并对晚年生活感觉满意。此外,长者可通过参与活动所得的乐趣代替退休后失去工作的无奈,他们也可以通过社交活动结识新朋友代替已逝的亲友[②]。

老年人虽然面临着生理、心理、健康状况的改变,但在一些社会身心需要方面并没有太多的改变,例如爱与被爱、人际交往等。而老年人的这些需要大都是通过社会群体关系来得到满足的。通过举办一些集体活动,如康乐趣味运动会等,可以为老年人满足身心需要提供载体,老年人的活跃性和积极性也会通过参加活动而有所提高。

(二)马斯洛需要层次理论

马斯洛(A. H. Maslow)认为,任何人天生就有一系列基本需要,这些基本需要由5个等级构成,按其"优先程度"依次为生理需要、安全需要、归属与爱的需要、尊重的需要以及自我实现的需要。归属和爱的需要是指一个人要求与其他人建立感情的联系或关系,如结交朋

[①] 该文书来源于东莞市正阳社会工作服务中心,文书内容由张宏才撰写,未经允许,不得转载。
[②] (参考《安老与社会工作》/朱佩兰著——香港:中文大学出版社 2001年第一版)

友,追求爱情,参加活动并在其中获得某种地位等[①]。经常举办一些群体活动,提供长者人际交往的机会,满足他们与人交往的需求,有助于满足长者归属与爱的需要。

(三) 形象互动理论

人们会透过社会互动形成对情境或事件的直觉和意义而与他人交往,个人会依其知觉对现实环境设定计划目的和采取行动。长者可能会因为坐轮椅、行动缓慢、闷闷不乐、缺乏活动等而被他人视为无助、身体孱弱、缺乏活力。但如果长者能积极参与活动,经常保持笑容,待人处事和蔼可亲,则可能被视为生活幸福、乐观向上。这间接地增加了长者的自信心。

三、整体及具体目标

整体目的:促进长者交往。

具体目标:

1. 通过举办趣味运动会,为长者提供一次运动锻炼的机会和平台,提高长者对运动的科学认识;

2. 在活动过程中营造欢乐的气氛,在长者平常的生活中,增加一些新鲜的元素,愉悦长者的身心;

3. 通过邀请和鼓励长者参与趣味运动会,分组去完成共同的目标,引导长者相互鼓励、相互支持,促进长者之间的交往。

四、活动内容

1. 活动性质:康乐活动
2. 活动对象:社区70岁以上长者
3. 日期/为期:9月19日
4. 举行时间、地点:上午9:00—10:30　长者活动中心多功能室
5. 参加者人数:30人(邀请1~2位德高望重的长者为裁判员,9人为工作人员,20人为参与活动的长者)
6. 人员及分工:

人员	工作内容	人数
社工	活动统筹。活动策划、活动宣传、活动协调、资源整合、道具制作、场地布置、现场主持、活动评估。	2人
社区义工	协助活动宣传,协助活动现场布置,保护长者安全。	7人

[①] (参考《小组工作》/刘梦主编.——北京:高等教育出版社 2003.12《心理学与生活》/美 理查德.格里格 菲利普.津巴多著　王垒等译,——北京:人民邮电出版社 2003年10月第1版)

7. 资源情况

物品	来源
活动现场装饰品	活动中心原有。
活动现场播放的音乐	通过网络收集。
活动所需的桌子、椅子、音响等道具	活动中心有数量可观且较方便移动的桌椅。活动中心也有较全的音响设备,活动所需要的小道具可由工作人员制作或者购买。
活动奖品	由热心社区商家提供。

五、宣传

1. 可利用平时与长者接触的机会,向长者做活动宣传;
2. 活动前一周,通过中心长者档案一一联系;
3. 活动前两天确定最终名单,并逐一和长者确定。

六、活动准备日程安排

时间	内容	人员
8月28日前	向相关方确定活动的可行性,具体日期和时间,活动内容(游戏数量、活动时间、地点等),以及奖品。	负责社工
9月17日前	利用平时与长者接触的机会,向长者做活动宣传,邀请长者参与活动及确定最终参与者名单。	社工、社区义工
9月17日	准备好活动所需器材道具、奖品等。	社工、社区义工
9月18日	与协助者确认活动当天的安排及各自角色和任务。	社工、社区义工
活动前2小时	准备好调试活动所需的设备,完成场地布置。	社工、社区义工
活动开始前半个小时	迎接参赛者的到来,按到来顺序,依次派发不同颜色个人积分表,根据积分表的颜色,安排就座,并自动分成四组。	社工、社区义工

七、活动内容及形式

1. 活动形式:分组竞赛游戏。
2. 活动流程安排:

时间	内容	目标
8:30—9:00	播放运动员进行曲。长者入场,引导长者根据积分表的颜色,分四个小组就座。	完成长者分组。
9:00—9:03	主持人致开幕词,欢迎参赛者的到来,告知活动流程、评分标准及奖励设置,当场邀请每组推荐组长,宣布运动会开幕。	让参赛者了解活动的流程。
9:03—9:13	工作人员带领参赛者做热身活动:十巧手(第十巧手改为"枪和靶")。	热身,活跃气氛、运动健身。

(续表)

时间	内容	目标
9:13—9:28	进行第一项比赛:足球传球比赛(具体活动方法见活动内容及比赛规则部分)。比赛中播放音乐《喜洋洋》,小组轮换进入比赛区时播放音乐《运动员进行曲》。	通过参赛者的参与与互动,主持人的气氛引导,达到上面所提到的具体目标。
9:28—9:38	进行第二项比赛:投篮。小组轮换进入比赛区时播放音乐《运动员进行曲》。	
9:38—9:48	进行第三项比赛:乒乓球接力。比赛中播放音乐《步步高》,小组轮换进入比赛区时播放音乐《运动员进行曲》。	
9:48—9:58	进行第四项比赛:飞机斗远。	
9:58—10:08	进行第五项比赛:"抓手"游戏。	
10:08—10:25	统计分数,并邀请医生义工开展讲座,介绍运动对长者健康的影响以及适合中高龄长者从事的运动项目。	提高长者对运动锻炼的科学认识。
10:25—10:30	公布成绩,并颁奖。主持人做活动总结。并宣布活动结束。播放音乐《一切如新》,欢送长者离开会场等。	活动结束,邀请参与者在活动后给予活动反馈。

3. 活动内容及比赛规则:

(1) 投篮

准备器材:纸箱6~7个(作篮筐用)、球6~7只、椅子若干。

活动方法:

四组参赛队伍轮流进行,每组人分成两排,间隔约3米,组员面对面坐着(人数以最少组员数的队伍的最大偶数为标准),其中一排的组员每人拿着一个"篮筐",另一排的组员每人拿着一个球,拿球的组员将球抛向正对面的组员,拿着"篮筐"的组员需要用手上的"篮筐"接住被抛过来的球,以接住球为成功。每人有5次投篮的机会,然后抛球和接球的组员角色互换,每人还是5次机会。以成功数计算每组的成绩。该项目获得第一名的队伍可以得4分,其他各队依成绩高低得3分、2分、1分。

活动效果:上肢运动,运动性。

(2) 足球传球比赛

准备器材:球一个,秒表一个,哨子一只,椅子若干,红纸条(做终点线用)一条。

活动方法:

四组轮流进行,每组人(以组员人数最少的组的组员数为同一参赛人数)面对面而坐,两排间隔约1米,同一排座位相邻两个座位相隔约0.5米(即一张椅子的宽度,长者左右可掌控的范围),比赛时,参赛者需从第一人开始,用脚或者拐杖把球传给对面下一个的队友,如此循环,直至最后一名队员将球踢过球门。工作员计算所用时间,以所用时间多少分别给予每组1分、2分、3分、4分。在比赛开始前,每组有与参赛人数相同的原始分(例如参赛人数为10人,则原始分有10分),每当一人没接住球,则从原始分扣掉1分,直至传完,小组该项目总得分=所剩原始分+每组所用时间得分。

传球路线如下图：

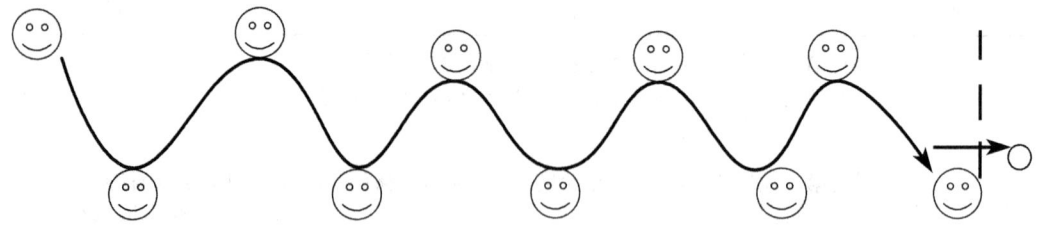

活动效果：娱乐性，运动性，锻炼长者腿部。

(3) **乒乓球接力**

准备器材：乒乓球一只、硬纸板 15 张（做球拍用）。

活动方法：

四组轮流进行，参赛者坐成一排（两座位间隔约 30 厘米），用硬纸板把乒乓球从第一名选手开始依次传到最后一名选手，工作员计算时间，根据所用时间多少，每组分别得 1 分、2 分、3 分、4 分。

活动效果：锻炼上肢，合作。

(4) **飞机斗远**

准备器材：红纸条一条（做起始线用），事先折好的纸飞机 20 只，备用折纸若干张。

活动方法：

四组人同时进行（每组人数以最少人数组的人数为标准），每次各组派出一名组员参赛，采取 4 人同时比赛的形式进行，每名参赛者各有一次机会，每名参赛者从工作员事先已经准备好的纸飞机中选择其中一只，每次四名参赛者站在起始线前，在主持人发令后，把手上的飞机飞出去，以飞机所飞的垂直距离长短分别给小组加 4 分、3 分、2 分、1 分。如此，直至所有参赛者都参与了比赛，统计四小组的总得分。

活动效果：锻炼上肢，娱乐性。

(5) **趣味游戏："抓手"**

准备器材：无。

活动方法：集体进行，两两分组，所有人根据主持人的口令轮流拍（两次）掌和拍（两次）大腿，当主持人说"左手（右手）"，面对面的人就要用自己的右手（左手）去抓住对面的人的左手（右手），同时避免自己的左手（右手）被抓住。

(6) **比赛奖励设置**

每位参与者都将获得小礼品一份。不另设个人奖和团体奖。

(7) **注意事项**

① 活动过程中，主持人应注意引导长者之间互相支持帮助和分享经验。同时，主持人应善于发现活动过程中有趣的事情，告知大家，愉悦气氛。

② 因为可能出现每组人数不同的情况,而每组每次参赛人数以最少人数的组的人数为标准,这就可能导致人数较多的组可能出现有些组员不能参与比赛的情况,这就需要主持人引导让不同的长者在不同的项目中作为"休战者",以尽量使每位长者都能参与到其中。

③ 工作人员需要特别留意有低度老年痴呆或行动很不方便的长者,必要时协助他们完成比赛任务。

④ 若长者实在不想参与比赛,工作人员不可勉强他们参与。

八、财政安排及预算

物品	脱脂纯牛奶	优酸乳(牛奶)	吸湿盒	塑料扇子	手绢
单价(元)	2.5	2	4	3	5
数量	30 支	30 支	30 只	30 把	30 条
总价(元)	75	60	120	90	150

总计:495 元

九、预计困难及应付办法

预计困难	应付办法
参加活动的长者人数过多或者过少。	在活动前两天确定参赛者名单,也可适当增加参赛人数,对于不能而又想参与活动的长者,要做好解释工作,可邀请他们充当观众,并准备小礼品赠与他们。参赛人数过少,不足 10 人时,活动延期或取消。
活动过程中,长者因为要上厕所等缘故,而要离开比赛场地一会,可能导致活动不能较连贯地进行下去。	事先提醒长者先上厕所再参加比赛。 若活动过程中有长者要上厕所,协助者应该陪同前往,可安排其他组员先比赛。
参赛者迟到或者因临时有事(如生病等)而不能来参与当天的活动。	工作人员在邀请长者参与比赛的时候,应注意提醒报名的长者当天准时到场,以便活动的顺利开展,尽量等到所有参赛者到来了才开始比赛。对于迟到过多的长者,可以让他充当观众。对于当天临时有事来不了的长者,主持人根据到场人数适当调节组员的分配。
活动过程中,气氛较平淡,甚至沉闷。	主持人在活动过程中应善于调动现场气氛。协助者也应积极配合调动气氛。
参赛者对比赛规则和方式不清楚。	每项比赛前,工作人员都要示范一次比赛方法。

十、评估方法

1. 活动前访谈部分长者,了解他们对趣味运动会的期望。

2. 活动过程中,社工注意现场观察。记录参与活动的长者人数,比赛的投入程度,留意长者的话语、动作和表情以及现场的气氛等。这些内容可以反映长者对活动是否感兴趣,在活动过程中是否玩得开心。

3. 活动后,两天内访谈一些参与活动的长者,询问他们的个人感受、对工作员的评价、对活动内容的评价。

4. 询问参与筹办活动的协助者,询问他们对活动的总体评价以及对活动内容、气氛、工作人员的表现的评价和意见。

5. 社工自我评估,检查活动设计的各项内容是否得到实施,时间、人员安排等活动要素是否合理;自我评估个人的表现;总结有哪些不足和疏漏的地方,以及补救措施。

4.12 "关爱进文冲,携手创温情"社区长者活动计划书

一、活动背景

因广州黄埔文冲石化路以西城中村改造项目的实施,目前已经有120多位老人搬到了安置中心居住。通过实地走访,了解到安置中心里大部分都是七十岁以上的长者,身体状况尚可,都可自行活动,但长者们平日生活比较单调,除了三餐以外,多数时间是待在家里看电视,邻里间相互来访交流较少,安置中心气氛比较冷清,缺乏生机及活力。因而通过安置中心的常规活动——安置中心长者生日会,丰富长者们的生活。

二、活动目的

1. 丰富长者们的生活,促进长者们的交流与沟通。
2. 让长者们感受到被关爱,保持积极乐观的心态。

三、活动主题

关爱进文冲,携手创温情

四、组织机构

主办单位:文冲馨家
承办单位:广州城市职业学院

五、活动时间、地点

时间:20××年3月30日14:00—17:00(初定)
地点:文冲石化路安置中心

六、活动参与人员

文冲石化路安置中心全体长者

七、活动前期安排

1. 活动宣传
① 负责安置中心的社工平时进行中心探访时可进行活动宣传;
② 3月30日早上10:00—11:30,工作人员上门进行通知及宣传;
③ 提前在安置中心内挂横幅以作通知。
2. 工作安排
① 工作人员:广城学生9名+中心社工1名;
② 人员安排:A. 生日会。主要负责人:刘社工+学生。B. 游园游戏。每两个人负责一个游戏摊位。

3. 物资购买

3月30号前购买好所需物资

4. 活动摊位布置

3月30号早上10:00,全体工作人员到达现场;10:00—11:30进行宣传;13:00—14:00布置会场

八、活动内容

1. 生日会

流程	所需物资
过生日的长者们坐在一起唱生日歌、社工及志愿者们给长者们送祝福语	椅子
请长者们切分蛋糕,并派分给在场长者们吃	蛋糕一个(无糖)

2. 游园活动

游戏名称	游戏规则	所需物资
超级变变变	准备三个纸杯,倒立桌上,将一块硬币(或其他小物品)放在其中一个纸杯里,然后工作者调换三个纸杯位置数次后,让参与者指出硬币所在的纸杯。	一次性纸杯一排,硬币或其他小物品若干个
钓鱼者	用小纸盒排成三排,每排三个,参赛者在警戒线外移动,用模拟鱼竿(小木棍)将小纸盒钓到警戒线外。一分钟内全钓完为赢。	小纸盒若干个,模拟鱼竿3根
爱的传递	用五个装满水的一次性纸杯排成一条直线,参赛者只能用口吹乒乓球直达最后一个纸杯,其间,乒乓球不能掉。(可根据参赛者的身体情况减低难度,如减少纸杯数量)	乒乓球两个,纸杯
猴子买桃	4人一个组,分别为2男2女,男的代表1块钱,女的代表五毛。每次游戏两个组一起进行。主持人说一个价格(如一块五毛,一男一女举手),看哪个组先把价钱组合起来就为赢(可以根据实际参与人数而更改游戏规则,如变为一男一女等,主持人说的数目以简单为主)。	
穿针引线	两人或三人一起比赛,能最快将模拟的针(硬纸条)来回穿过报纸上的洞,最后顺利将针抽出者为赢。	报纸

注:游戏分为五个摊位进行,需要六张桌子(抽奖区一张),椅子十五把左右

九、兑奖规则

五个游戏分五个摊位进行,参与者每赢一个游戏可获得一个印花,玩三个游戏且都赢即获得三个印花,可到抽奖区进行抽奖。奖品设置分别有一、二、三等奖,抽到一等奖送清风纸巾一条,抽到二等奖送小型洗洁精一瓶,三等奖送食盐一包或者小手帕一条。

十、奖项及奖品

一等奖五名,奖品:清风纸巾一条

二等奖十名,奖品:小型洗洁精一瓶

三等奖二十名,奖品:食盐一包或小手帕一条

十一、经费预算

物品	数量	单价	总价
一次性纸杯(不透明)	2打	5	10
乒乓球	2个	1	2
清风纸巾	5条	6	30
洗洁精	10支	3	30
食盐	10包	1.5	15
小手帕	10条	2	20
卡纸(剪字张贴于横幅上及绘制游戏名称)	2张	2	4
印花	5个	1	5

总计:116元

十二、预估困难及解决措施

1. 困难:长者们参与度不高。

解决措施:加强宣传力度,将活动描述得清晰有活力,以吸引更多的参与者。

2. 困难:室外活动,容易受天气影响,可能遇上阴雨天气。

解决措施:提前关注天气预报,如有阻碍则更改活动时间并通知居民们。

3. 困难:活动过程中可能出现混乱状况。

解决措施:工作人员要维持秩序,耐心讲解游戏规则。

4. 活动过程中,活动器材可能会遭到破坏。

解决措施:工作人员要做好监督工作,此外,应事先准备好物资的补给以备急用。

十三、活动评估

1. 评估内容:① 活动现场氛围活跃程度。② 现场居民参与程度。③ 活动的反馈与评价。

2. 评估方法:① 观察法。② 访谈法。

4.13 "身残志坚,自立自强"全国助残日社区宣传活动计划书

一、活动理念

残疾人作为社会当中的一个特殊群体,非常需要全体社会成员的接纳和关怀。同时,我们也必须认识到,残疾不等于残废,残疾人同样有他们自身的才能,可以融入正常人的生活里,可以通过自己的努力,自力更生,为社会做出自己的一份贡献。

广州市白云区金沙街辖内建设了广州市的一个重点保障房项目——金沙洲新社区。目前新社区入住情况:入住 5 049 户,人数达到 14 682 人,经适房 1 482 户;低保 1 848 户 4 700 人,低收入 1 130 户 3 118 人,残疾人 1 022 人,其中肢体残疾 510 人,精神残疾 190 人,智力残疾 156 人。

针对金沙洲新社区内残疾人群相对集中的特点,为了让社区内的残疾人朋友掌握更多有关他们康复、教育、就业等方面的最新信息,感受到社会各界对他们的关爱,从而更加乐意地参与社会生活,更好地适应生活,融入正常人的生活当中去,最终实现提高残疾人的整体生活质量的目标。另外,通过这次全国助残日的社区宣传活动,逐步提高其他社区居民对残疾人的认识,继而逐渐改变他们对残疾人的看法,促使社会成员为残疾人融入社会创造良好的环境,使他们能够顺利回归社会,享受到社会发展的丰硕成果。

二、活动主题

"身残志坚,自立自强"全国助残日社区宣传活动

三、活动目标

1. 通过这次社区活动,促使广大社区居民更加关心与爱护身边的残疾人朋友,并且能够为他们融入社会创造良好的社会环境。

2. 通过这次社区活动,让社区中的残疾人进一步掌握有关他们的各种保障性法规与政策,以及让他们获取更多的关于康复医疗、特殊教育、就业等的最新动态信息,为他们提供社会资源的链接,鼓励他们依靠自己的力量改善生活。

3. 通过在高校以及社会上招募这次活动的志愿者,让更多的人士了解残疾人这个特殊的群体,学会尊重和关爱他们,并且通过举办类似的助残活动,为社区中的残疾人建立由志愿者组成的社会支持网络,协助他们更好地适应社会生活。

四、活动支持理论

1. 正常化理论

正常化理论认为,由于贴标签的缘故,以往把残疾人等一些工作对象的行为视为异常,并采用主流社会通行的所谓"正常"的方法去治疗,他们实际上是有失偏颇的,因为在一些社会工作者和治疗者或助人者眼里被视为不正常的行为,其实在服务对象群体那里完全是再

正常不过的事情,关键是助人者把自己看问题的眼光强加于受助者身上,换而言之,问题实际上是出在助人者对服务对象的任意标定上。残疾人通过参加本次活动,更好地了解残疾人的最新相关资讯,助力残疾人自主身强,融入正常人的社会生活中。

2. 马斯洛需求层次理论

马斯洛需求层次理论认为,人的需要分为生存的需要、安全的需要、归属与爱的需要、尊重需要和自我实现的需要。通过参与本次活动,残疾人了解到更多的法规与政策,使他们获得更多的社会保障,能够吃得饱、穿得暖,满足他们基本生活的需要,即满足了生理和安全的需要。在活动当中,通过志愿者为前来参加活动的残疾人朋友提供服务,以及社区居民参与到体验残疾人的游戏活动中,他们能够更加深入地认识到残疾人这个群体,学会尊重残疾人,关爱残疾人,体谅残疾人,从而为他们未来的发展创造美好的环境,满足他们归属与爱的需要以及尊重的需要。

五、活动对象及人数

金沙街辖内的全体居民(特别是街道辖内的残障人士)

六、活动时间及地点

1. 活动时间:20××年5月18日(周六)上午9:30—12:00(志愿者培训时间为5月17日下午3:00—4:00)

2. 活动地点:(1)志愿者培训——金沙街家庭综合服务中心小组活动室。(2)宣传活动——金沙街家庭综合服务中心门前空地

七、服务方法的运用

本活动主要链接志愿者开展残疾人政策咨询服务。具体内容如下:

1. 链接志愿者资源

通过发动广州城市职业学院社工协会、心理健康促进会等社团的志愿者,以及本社区内的志愿者团体参与本次活动,一方面可以有效地协助本次活动的开展,协助我们布置活动现场,维持好活动举行期间的秩序,同时也可以协助有意参加活动而又无人陪同前往的行动不便的残疾人朋友,使他们可以如愿到场参与活动,从而使整个社区宣传活动的受益面更广。另一方面,通过志愿者与残疾人朋友的接触,向他们伸出援助之手,逐步发展起志愿者与残疾人之间的良好关系,从而逐渐建立起他们之间的社会支持网络,当残疾人遇到困难时,他们可以得到志愿者们的及时帮助。除此之外,通过志愿者的参与,让他们更加深入了解残疾人这个特殊群体,从心灵上得到触动,从而发动身边更多的朋友加入助残志愿者队伍中来,把志愿者队伍不断壮大。

2. 开展政策咨询服务

这次全国助残日主题宣传活动,邀请广州市内的几家特殊教育机构、白云区残疾人联合会,以及金沙街司法部门进驻社区,与残疾人朋友及家属面对面交流,接受他们关于残疾人合法权益保护、教育、就业等方面的咨询,可以让他们方便地掌握最新、最准确的政策动向,获得及时的服务,帮助残疾人自立自强,过上更加有尊严的生活。同时,通过这些机构进入社区接受居民的咨询,社工能够与机构的工作人员进行沟通交流,有利于社工掌握更新、更

准确的政策信息，有助于在未来为本社区的残疾人提供更加高质量的服务。

八、执行步骤

1. 前期准备

（1）活动宣传

通过在社区内派发宣传单，把活动信息刊登于中心的每月活动预告宣传单中；活动举行当天，在活动现场悬挂宣传横幅，以及在活动前对残疾人的上门探访或者电访时，向社区内的残疾人宣传本次活动，并鼓励他们积极参与。通过探访或电访，除了向残疾人宣传活动信息外，还需要了解残疾人参与本次活动的意愿。对于愿意参加本次活动的残疾人，需要了解活动举行当天是否有亲人陪同行动不便的肢体残疾人前来参加活动，以确定招募志愿者的具体人数。

（2）与相关单位的联系与沟通

中心提前30天向街道司法行政主管部门发送邀请函，邀请该部门在活动举行当天派出工作人员到现场，为前来参加活动的残疾人及其家属提供有关残疾人权益维护的法律咨询服务。

同时，中心与街道办事处合作，共同邀请广州市才华职业技能培训学校、广州市广播电视大学、残联工作站、广州康复实验学校、白云区爱心学校、白云区民办慧灵学校的负责人，以及白云区残疾人联合会的工作人员前往现场接受参与者对特殊教育、残疾人就业等政策方面的现场咨询。

（3）志愿者的招募

通过向广州城市职业学院社工协会、心理健康促进会，以及本社区内的志愿者团体发出招募通知，招募本次活动的志愿者。

（4）志愿者培训

在活动举行的前一天下午，组织参与本次活动的志愿者进行培训。本次培训的目的主要包括两个方面：首先，对活动当天场地布置、现场秩序维持、摊位游戏协助的人员进行安排；其次，在活动举行当天，本来有意愿参加活动的残疾人，由于自身行动不便，加上家人忙碌，无法陪同他们前往现场参与活动。因此，需要向志愿者讲授推轮椅和搀扶残疾人的方法，以便能够让更多的残疾人顺利地参与到本次活动中来。

（5）物资准备

所需物资：椅子、桌子、横幅、眼罩、玻璃杯、清水、矿泉水、牙膏、抽纸纸巾、绳子、彩色卡纸。

物资采购：活动举行前2~3天，由中心残疾人组的2位工作人员到附近的超市购买眼罩、玻璃杯、矿泉水、牙膏和抽纸纸巾，到文具店购买绳子、彩色卡纸和制作横幅所需要的材料。

（6）现场布置

活动举行前一天，邀请中心的2名工作人员帮忙，制作并悬挂活动当天需要用到的宣传横幅。活动举行当天，邀请5~6名志愿者在上午8:30到达活动现场，协助中心工作人员摆放桌椅，张贴摊位名称指示牌，把游戏的用具及奖品摆放到位，并把矿泉水分发到各个咨询摊位处，做好活动的场地布置。

2. 具体活动

序	名称	内容	目的	物资	人手安排
1	黑暗之中助前行	游戏规则：两人一组，为一个体验单位，每次比赛为两个体验单位，每个体验单位的其中1人用眼罩把眼睛蒙上，两人均不可用双手和声音交流，在5分钟内非盲队员要带领盲队员经历一段由椅子作为障碍物的旅程，最快到达终点的队伍胜出。在本次游戏中胜出的参与者可获得牙膏1支，其他参与者也可获抽纸纸巾1包。	体验后分享心得，让参与者更直观地体会残疾人的种种身体限制所带来的不便，在有过亲身的体验后，对残疾人有更多的理解，在协助残疾人士时也有更多的心理准备与方法。	眼罩、椅子、绳子、牙膏、抽纸纸巾	2名志愿者
2	盲人装水	游戏规则：每次比赛为两人，两人均要用眼罩蒙上双眼，然后把桌面上一个玻璃杯里面的水倒到另外一个玻璃杯中，旁边的人不得做任何提示，最终用时最短并且溢出的水较少者为胜。在本次游戏中胜出的参与者可获得牙膏一支，其他参与者也可获抽纸纸巾一包。	促使社区当中的其他居民亲身体验盲人日常生活的不便，从而更加理解残疾人，尊重残疾人，更加乐意帮助盲人朋友，协助他们过上更加美好的生活。	眼罩、桌子、玻璃杯、清水、抽纸纸巾、牙膏	2名志愿者
3	现场咨询活动	接受前来参与活动的居民，特别是残疾人家庭的居民的咨询，了解各特殊教育机构所开展的教育项目、招生条件、收费标准等信息。	让社区中的残疾人及其家属了解到更加丰富、更加详细的特殊教育信息，协助他们获得尽可能多的受教育机会，装备好自己，为未来的发展奠定基础。	椅子、桌子、矿泉水、彩色卡纸	2名志愿者
4	现场政策咨询活动	接受残疾人及家属关于残疾人教育、医疗康复、就业、社会救助、社会保险等领域的相关政策咨询。	让残疾人朋友及时了解关乎自己切身利益的最新政策动向，并能正确运用政策资源，改善自己的生活，提高自己的生活质量。		
5	残疾人法律咨询活动	接受残疾人及家人的法律问题咨询。	使残疾人掌握更多的法律知识，学会用法律维护自己的合法权益。		

九、经费预算

名称	单价(元)	数量	合计(元)
横幅	50	3条	150
眼罩	5	4副	20
玻璃杯	2	4个	8
矿泉水	1.5	40支	60

(续表)

名称	单价(元)	数量	合计(元)
牙膏	5	50支	250
抽纸纸巾	3	60包	180
绳子	3	1卷	3
彩色卡纸	1.5	5张	7.5
志愿者	5	待定	100~120
合计(元)			796.5

十、活动评估

1. 评估内容：① 活动参与人数。② 活动现场活跃程度。③ 参加者反馈。
2. 评估方法：① 观察法。② 访谈法。

十一、注意事项

1. 活动现场需要安排5~6名志愿者提前到达，协助布置活动场地。因此，在活动前一天对志愿者进行培训的时候，需要确定参与活动布置的志愿者名单，并告知他们提前到达，以免耽误活动的进行。另外，在活动举行期间，游戏摊位和各个咨询摊位都需要安排2名志愿者进行游戏的协助和现场秩序的维持，以保证活动的顺利进行。

2. 若活动举行当天，出现志愿者因故不能到场参与活动，或者没有家人陪同的残疾人朋友太多，志愿者人手短缺的情况，现场的部分志愿者需前往帮忙。他们的岗位由其他志愿者暂时顶替或由中心工作人员补上。

3. 提前了解活动当天的天气情况，做好应急预案。如果活动当天下雨，就把活动改在中心一楼的残障人士活动区进行，并安排工作人员在中心门口对前来参与活动的人员进行引导，指引他们到室内参加活动。

4. 游戏活动进行期间，要注意维持现场的秩序，以确保游戏活动的顺利进行；同时，要注意游戏参与人员的安全，防止他们由于蒙上眼睛，身体失去平衡而摔倒，导致发生意外伤害事故。

5. 根据参与人员的实际情况设定和控制活动的时间。如果活动举行当天参与现场咨询的居民过多，而且拖延的时间相对较长，中心工作人员和志愿者将协助咨询人员记录下居民的问题、姓名及联系方式，留待活动结束后，统一集中地向各专业人士进行咨询，并尽快将资料反馈到居民本人，以满足他们的需求。

6. 注意拍照留下资料写报道，如现场签名和合影。

7. 注意活动结束后对活动进行评估和经验总结。

4.14 "快乐家庭"亲子团森林挑战之旅活动计划书[①]

1. 名称:"快乐家庭"亲子团森林挑战之旅　　编号:CMW-P02-202011(0072)
2. 对象:　社区亲子家庭　　　　　　　　　　名额:　45
3. 地点:　　南门山森林公园　　　　　　　　人手配置:2 名社工　1 名助理　4 名义工
4. 日期:　2020/11/22　　　　　　　　　　　时间:　8:00—11:30
5. 招募及宣传方法:通过微信公众号、QQ 群等服务平台发布活动预告及活动详情招募参加者。六 A 教育理念指六大正面教养子女的原则,分别为:接纳 Acceptance、赞赏 Appreciation、关爱 Affection、时间 Availability、责任 Accountability、权威 Authority。接纳、赞赏、时间和关爱是为了建立亲密的亲子关系,这是教养的基础。权威和责任是爱的约束,培养孩子的责任心和边界意识。
6. 理念:　基于这一家庭教育理念,塘厦社工通过开展"亲子共成长"品格家庭共建计划,针对社区家长对于家庭教育、亲子教育的困惑开展相应的教育活动。在此背景下,社工将于 2020 年 11 月 22 日上午在南门山森林公园开展第一期"快乐家庭"亲子团挑战之旅,通过亲子互动游戏,增进参与者亲子感情,采用寓教于乐的形式提高参与者对六 A 教育理念的认识和理解。
7. 目的及目标:

目的	目标	评估方法	何时评估	备注
1. 促进家庭成员之间的互动	85%的参与家庭完成 3 个亲子互动任务	问卷法	活动结束后	
2. 提高参与者对六 A 教育理念的认识	80%的参与者理解六 A 教育理念的 3 个以上原则	问卷法	活动结束后	

8. 程序安排:(见附表)
9. 预计困难及解决方法:

困难	解决方法	备注
1. 天气原因导致活动无法正常开展	提前查看天气信息,做好预备方案,调整活动场地或延期举行	
2. 户外活动安全问题	制定活动安全制度,严格要求活动过程中的纪律问题,工作人员及家长看管好参与儿童	

10. 财政预算:(略)

[①] 该文书来源于东莞市正阳社会工作服务中心,文书内容由苏世昌撰写,未经允许,不得转载。

程序安排

日期/时间	内容	所需物资	负责人	督导意见
2020/11/16	撰写活动计划书和经费申请表，购买活动物资，招募参加者和志愿者。	活动报名表、志愿者签到表	苏社工	
2020/11/19	工作人员一起去南门山森林公园踩点，确定集合地点和三个互动游戏的地点。	活动流程或计划书	苏社工	
2020/11/21	确定报名参与人员，组建微信群，低偿收取活动交通费，购买志愿者保险。		苏社工	
2020/11/22	8:00 工作人员和参加者在石潭埔居委会集合后出发。 8:00—8:30 从居委会出发到南门山森林公园，乘车过程中，社工介绍本次活动目标和流程，并提醒参加者活动安全注意事项，并把旅游帽派发给活动参加者（作为参加者凭证）。 8:30—8:40 活动热身环节，做热身操，做完热身操后进行互动游戏"三毛五"。做完游戏后，就宣布徒步活动正式开始。	活动签到表、旅游帽、麦克风、移动音响	苏社工	
2020/11/22	打卡点一：在应急避险中心前面的草坪上进行"团队造型"，2~3组亲子家庭为一队，抽取一张六A卡，根据六A原则的释义，摆出一个团队造型，请工作人员或路人协助拍照，要求一队的成员在一起完成团队照，并挑选出一张发到活动群里，并命名打卡"六A原则"团队照，完成挑战的亲子家庭，获得两张六A卡（接纳和赞赏卡）。	六A卡片释义卡	丽社工、张社工	
2020/11/22	打卡点2：湖边凉亭——当我老了"亲子喂食"：要求3~4组家长坐在座位上，让他们的孩子蒙上眼罩，工作人员派发饼干给孩子，让孩子原地转一圈后，将饼干送给父母吃，父母坐在原处不能移动，只能通过口令让孩子将饼干送到家长口中，家长要将饼干吃完才算完成挑战，完成挑战的亲子家庭，获得两张六A卡（时间和关爱卡）。	眼罩、饼干、六A卡若干套	刘社工、温社工	
2020/11/22	打卡点3：登山道下面——亲子背背乐：将6~8块指压板连在一起放在平地上，让家长脱下鞋子，背着一个孩子从指压板上走过去，在做的过程中，完成两个两位数以内的加减法。如果有计算错误则重新回到起点处走，若能走到终点并正确完成两道算术题则完成挑战，得到两张六A卡（责任和权威卡）奖励。	六A卡、指压板6~8块	高社工、谢社工	
2020/11/22	在"亲子背背乐"这个打卡点把拼图纸发给每组家庭，每组家庭一张，让家庭根据自己的理解，将六张六A卡贴到拼图里面去。	拼图纸、固体胶	高社工、谢社工、丽社工、张社工	

(续表)

日期/时间	内容	所需物资	负责人	督导意见
2020/11/22	11:00点返回出发点集合上车。上车后,社工和参与家庭分享六A家庭教育理念,让家长分享自己的理解,社工与家长分享六A教育理念的原则与意义。分享后,请家长填写活动意见反馈表。完成任务后,每个家庭获得一个能量补充包。	能量补充包、麦克风	世社工、高社工、温社工	
2020/11/22	11:00—11:30乘坐校车返回石潭埔居委会。		全体人员	

4.15 "拥抱大海"特殊家庭自然音阅绘活动计划书[①]

一、活动背景

特殊儿童或行动不便,或智力发育迟缓,或听力障碍……不管怎样,他们都在努力学习迈步、努力学习认知、努力学习能听会说,努力闪耀着。

为了让特殊儿童亲近大自然,同时,增进亲子家庭感情,促进特殊家庭间的沟通与互助,在新浩爱心基金会的支持下,开展"拥抱大海"特殊家庭自然音阅绘。通过亲子徒步海岸线、亲子游戏、亲子海边音阅绘体验环节,营造轻松、休闲、有趣的氛围,培养特殊儿童探索自然的勇气,促进特殊儿童同辈友谊的建立,使亲子关系更加亲密融洽,同时增进家庭间的友谊,在互动过程中实现经验分享与互帮互助。

二、活动主题

"拥抱大海"特殊家庭自然音阅绘

三、活动目的

通过活动,培养特殊儿童探索自然的勇气,促进特殊儿童同辈友谊的建立,使亲子关系更加亲密融洽,同时增进家庭间的友谊,在互动过程中实现经验分享与互帮互助。

四、活动目标

1. 通过本次活动,80%的参与者能完成徒步路线。
2. 通过本次活动,80%的参与者能至少认识一位新朋友。
3. 通过本次活动,80%的亲子家庭关系进一步融洽,认识到陪伴与参与的重要性。

五、活动组织

主办单位:新浩爱心基金会、深圳市龙岗区春暖社工服务中心
支持单位:深圳市龙岗区耳鼻咽喉医院

六、活动时间与地点

活动时间:2020年11月21日
活动地点:惠州天空之境

七、活动参与人员

活动参与人员:"听障儿童有声梦"项目服务的听障儿童亲子家庭(11户),共25人;龙岗区其他特殊亲子家庭(5户),共11人。

[①] 该文书来源于深圳市龙岗区春暖社工服务中心,文书内容由林赛珠撰写,未经允许,不得转载。

其他参与人员:社工4名、新浩爱心基金会及志愿者10名。

八、活动流程及安排

序号	环节	时间	流程	内容
活动安排	耳鼻咽喉医院集合	8:00—8:30	集合	1. 签到 2. 由工作人员签到、准备上车
	车程	8:30—10:00	车程	活动参加者乘车到达惠州海边
	发放早餐及自由休息	8:30—10:00	与车程同时进行	活动参加者乘车到达惠州海边
	徒步出发	10:00—12:30	徒步	导游带领参与者完成徒步,其间志愿者协助,中途安排休息点心一次
	午餐	12:30—13:30	午餐	大家一起完成午餐(户外火锅) 新浩爱心基金会工作人员带领孩子们体验音阅绘环节
	集合	12:30—12:40	再出发准备	工作人员点名集合
	再出发	12:40—16:20	徒步	导游带领参与者完成徒步,其间志愿者协助,中途安排休息点心一次
	结束	15:20—16:30	总结	主持人总结,感谢各方支持,合影留念
	返程	16:30—18:00	返程	组织人员安全返程
	晚餐	18:00	就近晚餐	组织亲子晚餐后各自回家(也有可能在惠州当地晚餐后回程,具体看基金会安排)

九、人员分工

序号	工作内容	负责人	时间	备注
1	总体统筹,对接资源方	林社工	11月5日前	
2	撰写方案、宣传文案及报名链接制作	林社工	11月5日前	
3	沟通对接	林社工	11月5日前	
4	场地沟通与确认,活动物资沟通与筹备	基金会工作人员	11月5日前	
5	招募与联系活动参与人员,在活动正式开始前一天电话联系报名人员,提醒按时参与	林社工	11月5日前	
6	活动物资与礼物购买(点心)	王社工	11月14日	
7	活动现场带领	林社工	11月15—16日	
8	活动协助(签到、签收、物资管理、游戏协助)	王社工	11月15—16日	
9	拍照	王社工	11月15—16日	
10	通讯稿、微信推文撰写,编辑	王社工/刘社工	11月17日	

十、预计困难及解决方法

预计困难	解决办法
1. 所需经费难以支持	与基金会联系协调,基金会给予资金和活动支持
2. 工作人员或协助人员不足	提醒家长自己看好孩子,尽可能与基金会沟通招募志愿者
3. 小朋友精力有限,活动有难度	尽量协调休息时间,活动中关注小朋友精力状况

十一、活动评估

评估内容	评估方法
1. 参与者参与活动的感受	调查问卷/活动签到/现场观察等
2. 对活动效果的评估	反馈表评估/现场观察/活动总结/访谈等
3. 对活动改进意见	活动总结/合作方评估

十二、所需物资及财务预算

序号	名称	单价	数量	小计	备注
1	手机/相机	0	1台	0	社工准备
2	活动签到表	0	2张	0	社工准备
3	活动意见反馈表	0	12份	0	社工准备
4	纸巾	0	3包	0	社工准备
5	野餐布(沙滩布)	0	2张	0	社工准备
6	食物一批(活动当天早餐及徒步中间休息的点心)	20	50份	1 000元	社工准备
7	餐费				基金会准备
8	包车费用				基金会准备
9	参团费用(包含扎营及导游费用)				基金会准备
10	药箱	0	0	0	耳鼻咽喉医院准备
总计	1 000(社工机构)+其他经费(基金会支持,具体未知)				

	活动负责人	审核人
姓名		
日期		

4.16 "拥抱自我"家属照顾技能提升活动计划书[①]

一、活动背景

精神疾病的康复是一个较长的过程,当前政府倡导社区康复模式,大部分稳定的精神病康复者在家中进行治疗康复,由此,精神病康复者家属承担着主要照顾事宜,但这无形之中给他们带来一定的压力。社工在随访工作中发现有部分精神病康复者家属完全以精神病康复者为生活中心,对自身关注较少,有的家属甚至为了保护精神病康复者而谢绝所有社交、娱乐等活动。社工希望通过精神病康复者家属照顾压力分享和讨论,学习和运用正念冥想、八段锦等方法疏导家属压力、引导家属提升觉察自身身体和心理状况的能力。

二、活动主题

"拥抱自我"家属照顾技能提升活动

三、主办协办单位

1. 主办方:深圳市龙岗区春暖社工服务中心坂田精防团队
2. 协办方:岗头社区工作站

四、活动目的

通过精神病康复者照顾压力分享和讨论,学习和运用正念冥想、八段锦等方法疏导家属压力、引导家属提升觉察自身身体和心理状况的能力。

五、活动目标

1. 90%的活动参与者能够积极参与照顾压力的分享和讨论。
2. 80%的活动参与者能够在活动中学会1种及以上压力疏导、自我觉察方式。

六、活动安排

1. 活动对象:岗头社区精神病患者家属10名
2. 活动时间:2018年9月8日
3. 活动地点:岗头社区中心党群活动中心二楼会议室
4. 活动宣传及招募:微信群发布招募信息,电话随访、面访工作中邀请,"五位一体"工作人员协助邀请。

[①] 该文书来源于深圳市龙岗区春暖社工服务中心,文书内容由罗冬梅撰写,未经允许,不得转载。

序号	时间	环节	内容	负责人
活动前准备	8.21	方案策划	确定活动内容及流程、申请活动经费	罗社工
	8.31	物资准备	横幅、米、油、水	
	9.3	人员准备	邀请1名团队同工协助活动	
	9.4	活动场地	确定及熟悉活动场地	
	9.5	PPT	制作PPT	
	9.4—9.7	活动招募	联系邀请家属参加活动	
	9.7	打印	签到表、活动反馈表、慰问品领取表等	
当天活动流程	9:00—9:05	工作人员签到	工作人员签到	罗社工 团队同工
	9:05—9:25	场地布置	桌椅摆放、设备调试、横幅张贴、物资到场	
	9:25—9:30	参与者签到	活动参与者签到	
	9:30—9:40	活动开场	社工自我介绍、本次活动简介	活动带领：罗社工 拍照及协助：团队同工
	9:40—10:10	开口说压力	通过"造反运动"游戏引导参与者说说日常照顾中遇到的压力、忧虑等。造反运动：活动带领者说出一个动作指令，参与者需做出相反的动作，所有参与者在参与活动的同时也是裁判，动作出错的参与者分享自己在照顾精神病康复者时遇到的压力事件。PS：若分享者无压力事件产生也可分享其他。	
	10:10—10:40	减压、自我觉察方法分享	社工介绍正念冥想、八段锦2种减压、自我觉察的方法，并带领参与者一起亲身体验这两种方法。PS：准备相关音乐、视频。	
	10:40—10:55	参与者感受分享	社工邀请所有参与者用简要的话语分享活动感受	
	10:55—11:00	活动总结	社工简要总结本次活动，邀请家属给精神病康复者传达康复训练活动信息。	
	11:00—11:10	活动反馈	填写活动反馈表、发放慰问品	
	11:10—11:30	预留交流时间及整理	与家属沟通交流、整理及收拾场地	
活动后期	9.10	新闻稿	撰写活动新闻稿，并发到微信公众号或其他渠道	罗社工、向社工
	9.11	活动总结	统计活动反馈表、撰写活动总结	罗社工

七、当天活动流程及安排

八、预计困难及解决方法

预计困难	解决办法
1. 参与人数不足	社工加大宣传力度,积极招募参与人数
2. 恶劣天气	深圳夏季多台风,若天气恶劣则及时告知服务对象延期举行活动

九、活动评估

评估内容	评估方法	评估时间
1. 参与者参与活动的感受	调查问卷/活动签到/现场观察等	9.8
2. 对活动效果的评估	反馈表评估/现场观察/活动总结	9.8,9.11
3. 对活动改进意见	活动总结/工作人员自我评估/团队同工反馈	9.11

十、所需物资及财务预算

序号	名称	单价(元)	数量	小计(元)	备注
1	水	2	15瓶	30	
2	米	—	10份	—	街道提供
3	油	—	10份	—	街道提供
4	电脑	—	—	—	自备
5	横幅	—	—	—	PPT封面
6	打印纸	—	—	—	工作站提供
7	笔	—	—	—	工作站提供
总计:30元					

	活动负责人	审核人
姓名		
日期		

4.17 "反家暴,说出来"社区活动计划书

一、活动名称

和谐家,爱和谐

二、活动对象

滨江街社区青少年

三、活动承办单位

××家庭综合服务中心

四、活动时间地点

20××年4月6日,滨江街家庭综合服务中心多功能室

五、活动背景

家庭暴力是一种错误行为,它对青少年的身心产生不良影响。据调查发现,"孩子是我生,打他没人管得着""以暴制暴"的思想仍很常见。部分家长仍以暴力对待孩子,孩子在面对家暴时也缺乏正确的应对方式,从而导致孩子产生畏惧感和轻度的心理障碍,甚至有的产生轻生或者报复的偏激心理与行为。因此,针对青少年开展"反家暴"教育尤为必要。

六、活动目的

1. 通过参与反对家庭暴力活动,提高青少年对家庭暴力的认识。
2. 推动青少年参与到反对家庭暴力行动中,成为积极参与反对家暴的一份子。

七、活动内容

时间	活动流程(内容)	物资	负责人	备注
10:00前	工作人员准备物资	笔、纸		
10:00—10:30	前来参加的青少年签到			
10:30—11:30	讲述反家暴知识的内容要点			在前期制作PPT
11:30—14:00	中午休息			
14:00—15:00	进行反家暴知识的培训			在前期制作PPT
15:00—16:00	请青少年进行角色扮演			事先准备好案例和对白的稿子
16:00—16:30	结束活动,进行活动的分享			

1. 反家暴知识

（1）内容要点

① 向青少年讲解什么是家庭暴力；

② 跟青少年有关的家庭暴力包括威胁恐吓孩子，轻视孩子，对孩子期望过高，羞辱斥骂；

③ 向青少年分享案例，说明家庭暴力带来的危害。

（2）目的

① 让青少年初步了解家庭暴力的危害；

② 让青少年了解与青少年有关的家庭暴力的种类；

③ 让青少年了解家庭暴力给青少年的成长带来的严重危害。

2. 进行反家暴知识的培训

"遇到家暴，大声说出来"，让青少年多多留意身边的朋友或者亲人，学会发现家庭暴力的存在，并学会采取有效的方法保护自己身边的人，知道如何向社工和有关机构请求帮助。

目的：

① 让青少年知道自己的权利；

② 让青少年清楚自己的社会支持网络；

③ 通过角色扮演，了解解除困难的途径，如何处理家庭暴力。

八、活动经费预算

物品	数量	资金（元）	备注
笔	4	—	
机构提供	4	—	机构提供

合计：0 元

九、前期工作和人员安排

工作内容	负责人	备注
制作反家暴知识的内容要点 PPT	×××	可在网上收集案例
制作反家暴知识的培训	×××	利用书籍，网上资料
负责角色扮演的案例安排	×××	
负责活动的宣传和招募社区青少年	×××	
负责场地和道具布置	×××	
负责活动的组织和开展，维持活动过程的秩序	×××	

十、活动的可实施性

本次活动是考虑到社区青少年在成长期间需要适当的社区活动，以及为了增加社区青少年应对家庭暴力知识而开展。现代青少年在学校能学习到课本上的知识，但对于存在于生活中的维权知识了解比较薄弱。为了增强保护意识，因此需要开展青少年活动来带动青少年维权的发展以及增强青少年的法律意识。

十一、预期困难及解决办法

(一) 预期困难

1. 宣传不到位,可能出现很多青少年不了解活动的情况。
2. 活动中出现天气不稳定的情况。
3. 活动中有突发事件。
4. 角色扮演环节没有参与者。
5. PPT 尚未完成。
6. 因社区参与的人数少或多而产生的相关问题。

(二)解决办法

1. 对于宣传不到位的问题或者居民参与度不高的问题,可以采用张贴海报等方式在社区显眼的地方展示,或者通过联系学校老师通知学生的方式进行宣传。
2. 对于活动中出现天气不稳定情况时,则视当时具体情况而定。若下小雨,活动正常进行。若下大雨或雷阵雨,则可以停止活动,延期再举行。
3. 对于突发事件,工作人员要时刻准备好,随机应变。
4. 对于角色扮演环节没有参与者,现场工作人员做好带头作用,邀请大家参与。
5. 对于活动前期 PPT 制作未完成的问题,负责 PPT 制作的人员需安排好制作的时间,收集最有利的资料。
6. 对于活动中社区居民参与人数较少时,则需要将讲述部分或培训时间相对缩短,并增加参与者的活动分享时间。而对于社区居民参与人数较多时,则采取分组的形式交叉进行角色扮演,减少社区居民的分享时间,增加工作人员以及活动组织者的总结时间。

十二、活动评估

1. 评估内容:
① 家暴知识掌握情况。
② 活动现场气氛。
③ 活动参与者反馈。
2. 评估方法:
① 观察法。
② 访谈法。
③ 问卷法。

4.18 "中秋月圆,传承经典"区六院中秋节医患共融活动计划书[①]

一、活动背景

中秋节是我国重要的传统节日之一,中秋节寓意"团圆"。团圆与和谐紧密相连,团圆不仅是外在的形式,还是内心的和谐与相通。为充分发掘传统节日内涵,弘扬传统文化,激发来院就医患者及其家属的爱国主义情怀,在医院这个特殊的环境也能喜庆佳节,春暖驻点医院社工部特联合客服中心开展此次活动。

二、活动主题

"中秋月圆,传承经典"龙岗区第六人民医院中秋节医患共融活动

三、主办协办单位

1. 主办方:深圳市龙岗区春暖社工服务中心
2. 协办方:龙岗区第六人民医院

四、活动目的

借助节日丰富患者的就医生活,传递医院对患者的关爱,实现医院与患者的良性互动,搭建一个医、护、患共融平台,营造和谐的就医环境。弘扬祖国的传统文化,激发来院就医患者及其家属的爱国主义情怀。

五、活动目标

1. 90%以上参与活动的患者感受到节日的关爱和祝福。
2. 90%以上参与活动的患者感受到医院的人文关怀。
3. 90%以上参与活动的患者认为活动能够弘扬祖国的传统文化,激发爱国主义情怀。

六、活动内容

1. 中秋知多点

通过问答的互动形式,让来院患儿了解中秋节的由来,以及这一传统节日的习俗,提升患儿对我国的传统文化知识的了解。

2. 欢乐猜猜猜

社工准备若干谜语,参与者可自由选择自己感兴趣的谜语,猜对谜底者即可获得一份礼品。

[①] 该文书来源于深圳市龙岗区春暖社工服务中心,文书内容由黎秋红撰写,未经允许,不得转载。

3. 我们都是中国人

向来院就诊的患儿宣传爱国教育常识,让他们知道五星红旗是中国的国旗,中国的国歌雄壮有力,天安门是中国首都的象征,黑眼睛、黑头发、黄皮肤是中国人的特征,长江、黄河是中国的象征。激发孩子们热爱祖国的情感和作为中国人的自豪感。

4. 健康关爱

由医院护士、志愿者免费提供量血压服务,同时为家长派发医院健康宣传资料、社工宣传折页,让患者了解更多的疾病预防知识。

5. 关注有礼

社工事先将"医路相伴"项目二维码、医院公众号二维码打印出来,让患者通过扫二维码的方式对义工服务项目、医院公众号进行关注,关注成功即可领取小礼品一份。宣传医务社工工作,方便患者在就医过程中遇到困难时主动求助医务社工,同时让患者更多地了解医院工作。

6. 问卷调查

通过问卷调查或口头访问的形式了解患者对活动的建议,为下次活动积累经验。

7. 联系媒体报道

七、活动安排

1. 活动对象:龙岗区第六人民医院就诊患者
2. 活动时间:2019年9月8日　上午8:40—10:40
3. 活动地点:龙岗区第六人民医院门诊大厅、儿科住院部
4. 活动宣传及招募:
(1) 社工提前制作宣传海报在门诊楼前张贴宣传;
(2) 在医院微信群、坪地人民医院义工群进行宣传。

八、当天活动流程及安排

序号	时间	环节	内容	负责人
1	8.26	方案策划(初稿)	(1) 确定活动内容 (2) 申请活动经费	黎社工
2	9.2—9.8	活动前期准备	(1) 院内沟通 (2) 场地、设备确定 (3) 活动物资采购	黎社工
3	9.6	邀请人员	邀请医院医护人员参与活动	黎社工
4	9.5	宣传、招募	(1) 义工招募 (2) 海报制作 (3) 横幅制作	沈社工
5	9.6	流程确认	清点物资、做好各项准备工作	黎社工
6	活动当天 8:10—8:40	现场布置	(1) 摆放物资 (2) 设备检查 (3) 环境布置 (4) 行前会	黎社工、沈社工、义工

(续表)

序号	时间	环节	内容	负责人
7	活动当天 8:40—10:40	开展活动	(1) 中秋知多点 (2) 欢乐猜猜猜 (3) 我们都是中国人 (4) 健康关爱 (5) 关注有礼	黎社工、沈社工、义工
8	活动当天 10:40—10:45	合影留念	组织工作人员拍照	黎社工
9	活动当天 10:45—11:00	活动结束	(1) 填写反馈表 (2) 清理会场 (3) 活动小结	黎社工

九、预计困难及解决办法

预计困难	解决办法
1. 活动中需要多名义工协助，义工没时间参与活动。	1. 提前与协助的义工一一联系，确认他们是否能够协助开展活动。 2. 提前联系几名活动预备协助人员，有人不能参加活动时由他们补上。
2. 参与活动人员太多，准备的物资不够。	1. 活动前准备好充足的活动物资。 2. 物资准备使用完时，做好结束活动的准备。
3. 活动现场秩序乱。	1. 多招募义工协助维持现场活动秩序。

十、活动评估

评估内容	评估方法	评估时间
1. 参与者参与活动的感受	调查问卷/活动签到及现场观察等	2019.9.8
2. 对活动效果的评估	反馈表评估/现场观察/活动总结/访谈等	2019.9.8

十一、所需物资及财务预算

序号	名称	单价(元)	数量	小计(元)	备注
1	魔术气球	20	1包	20	医院申请
2	门诊小礼品	2.5	120份	300	
3	儿科住院部小礼品	5	50份	250	
4	饮用水	/	1箱	/	社工提供
5	血压仪	/	2台	/	
6	打气筒	/	2台	/	
7	宣传单页	/	若干	/	
8	谜语	/	若干	/	
9	签到表	/	5张	/	

(续表)

序号	名称	单价(元)	数量	小计(元)	备注
10	签到笔	/	1盒	/	
11	活动桌椅	/	2套	/	
12	相机	/	1台	/	
13	意见反馈表	/	30份	/	

总计:570元

	负责人	审核人
姓名		
日期		

春暖"医路相伴"项目驻坪地人民医院医务社工部

2019年8月26日

4.19 "我们动动身"社区活动计划书

一、活动背景

随着元旦的到来,为增强学校学生的凝聚力、认同感、归属感,服务中心特借此良机举办活动,动员学生积极参与活动,不仅能体现学校大家庭般的和谐氛围,而且可以有效地增进各专业学生的自我认同感和对他人的认同感,创造和谐学校文化,促进学生老师双向交流,增进友谊,推动学校的和谐发展。

二、活动主题

"我们动动身"

三、理论支持

地区发展模式是在一个地域内鼓励学生通过自助及互助去解决学校内的问题。工作重点是提高学生的民主参与意识与挖掘、培养当地学校的人才,通过学校工作发动、鼓励学生自己关心本学校的问题,进行讨论并采取行动。工作者在此过程中充当促成者的角色,发动并鼓励学生去思考问题的根源,提高学生的参与意识,解决问题的能力和合作意识。

四、活动目的

1. 促进同学们互相认识,至少认识3位新同学。
2. 增加同学们互动次数,搭建一个互动平台。

五、活动承办单位

×××街家庭综合服务中心

六、活动对象与人数

广州市信息工程职业学校的14~20岁学生(30人左右)

七、活动时间和地点

20××年5月30日,广州市信息工程职业学校操场

八、活动内容

时间	地点	活动流程	备注	负责人
14:00—14:45	×××街家庭综合服务中心	工作人员先把物资送到机构,再到操场做好签到准备工作	工作人员检查好物资,带到机构	全体工作人员
14:45—15:00	操场	参加者集中、签到	若出现雷雨天气,把地点转移到室内。	

1. 桃花朵朵开

目的:

① 通过游戏引导大家积极参与,让大家初次接触。

② 此游戏为学生相互认识创造机会,使学校学生初步了解到团结、互助精神。

③ 先让气氛"热起来",打破彼此的陌生感,达到初步的认识。

④ 让大家试过一次之后,手拉手一起玩,拉近距离。

时间	地点	活动流程	备注	负责人
15:00—15:15	操场	主持人介绍本活动开展的目的与第一个游戏规则	需要麦克风和音箱(或扩声器),×××跟学校联系好	曾社工
15:15—15:35	操场	主持人让大家围成一个圈,顺时针走(跑)起来,主持人"桃花开几朵?",大家异口同声"开3朵""开5朵,6朵",主持人"桃花开…5朵",然后每五个人抱成一团,没有被抱在一起的被淘汰	若参加者超过30人,则分成两组以上同时进行;开始第二次时大家手拉手跑起来。	

2. 找零钱

目的:

① 让大家有个初步了解,加快学生的相互认识,让学生彼此的认同感、归属感有所上升。

② 让大家都了解到每个人都有其存在的价值。

③ 让参与者懂得互相尊重和珍惜,感受团队力量的重要性。

时间	地点	活动流程	备注	负责人
15:35—16:05	操场	女生代表一元钱,男生代表五角钱。音乐响起,参加者随意围成一圈小跑,当主持人说出具体价格数目,音乐停止,参加者自由组合,最快组合完毕者即为获胜者,落单或组合错误的则视为失败。	1. 音响设备 2. 麦克风 3. 事先录制好的轻松的背景音乐	

3. 翻译

目的：

① 让大家组队,进一步了解组员。

② 几个小组通过分享成功与失败的感受和经验,并相互学习。

③ 此游戏需要小组成员互相商量策略,增强小组间的沟通。

④ 通过游戏,得到信任,为相互认识创造机会,提高学生凝聚力。

游戏规则：

扑克牌一共 13 张,都是背面朝上,顺序调乱,放在 5 米以外的地方。小组必须按顺序从 1～K 把牌翻转,每位玩家在 5 米外跑到扑克牌,只能翻牌一次。如果错了,原位背面朝上放好,位置不动,由下一位继续翻。如果对了就正面朝天放着。直到 1～K,13 张牌全部翻出来就胜利。

时间	地点	活动流程	备注	负责人
16:35—16:45	操场	把招募的人员分成 2～4 组,小组商量,组内推选组长	分组每组不超过 25 人	
16:45—16:50		主持人说明游戏规则		
16:50—17:10		游戏实施		
17:10—17:30		游戏分享		

4. "No.1"与"太阳"

目的：

① 让大家了解元旦的由来,结合"元旦"主题一起来玩。

② 经过此游戏让学生之间有更深入的了解。

③ 不认识的学生彼此能留下联系方式,保持联系,也方便以后自主组队出来玩。

主持人解说词：

"元旦"的"元",指开始,是第一的意思,凡数之始称为"元";"旦",象形字,上面的"日"代表太阳,下面的"一"代表地平线。"旦"即太阳从地平线上冉冉升起,象征一日的开始。把"元"和"旦"两个字结合起来,引申为新年开始的第一天。

时间	地点	活动流程	备注	负责人
16:05—16:15	操场	主持人讲解游戏规则(把大家分成 A、B 两个大组)。	需要麦克风和音箱(或扩声器),×××跟学校联系好。	
16:15—16:35	操场	主持人喊 A 到"NO.1"。大家应迅速跑去站上"NO.1"的报纸上,B 则到"太阳"上,并同心协力地让所有人都站在纸上,以时间短为胜出。循环两次。	先前在报纸上写好 5 张"NO.1"和画上 5 张有太阳的图案。	

九、活动经费预算

物品	数量	资金(元)	备注
麦克风	1个	—	跟学校联系好
音箱	1个	—	
徽章	20个		
海报纸	3张	4×3=12	
报纸	10张	10×1=10	工作人员准备(或机构提供)
合计:22元			

* 尽量在机构里面的黑板上写招募通知,减少海报的份额。

十、活动负责工作人员

1. 学校联系和机构的联系(负责人:×××)
2. 负责活动的宣传和招募学校学生(负责人:×××)
3. 负责场地和道具布置(负责人:×××)
4. 负责活动的组织和开展,维持活动过程中的秩序(负责人:×××、×××)

十一、活动可行性

本次活动是考虑到学校学生在元旦期间需要适当的学校活动以及为了增加学校学生对于自身和他人的认同感而开展的。学校中存在学生间联系不足、学校活动开展较少以及对自身认同不足的问题,因此需要开展应节应景的集体活动来活跃学校气氛、带动学校文化的发展以及增强学校学生凝聚力。

十二、预期困难

1. 宣传不到位,可能出现很多学生不了解活动的现象。
2. 活动前或活动期间出现天气不稳定的情况。
3. 开展活动时出现突发事件。
4. 开展活动时出现礼品派发不足等类似问题。
5. 因学校学生参与人数少或多而产生的相关问题。

十三、预计问题解决办法

1. 对于宣传不到位的问题,可以采取海报等方式在学校显眼的地方展示相关的宣传。
2. 对于活动时出现天气问题,则视当时天气情况而定。下小雨的情况,则采用雨棚作为工具,活动继续进行。下中雨或大雨的情况,则可以选择活动延期进行或者将活动场地转移至室内。
3. 对于突发事件,则需要提前与警察、医院、消防部门做好沟通,请相关部门派执勤人员在现场戒备。

4. 对于活动期间的礼品派发问题,则需要工作人员在派发礼品前将现场秩序维持好,让学生排队领取。

5. 对于活动中学生参与人数较少,则需要将游戏数量减少,并增加学生的活动分享时间。对于学生参与人数较多,则采取分组的形式交叉进行活动,减少学生的分享时间,增加社工以及活动组织者的总结时间。

十四、活动评估

1. 评估内容:
① 活动参与者认识新同学人数与互动次数。
② 现场活动气氛。
③ 活动参与者反馈。
2. 评估方法:
① 观察法。
② 访谈法。

4.20 "畅游广州，文明同行"广州旅游志愿服务嘉年华活动计划书[①]

1. 活动基本资料

活动名称	"畅游广州，文明同行"广州旅游志愿服务嘉年华活动	负责社工	罗社工、许社工
活动类型	☑大型活动　□中小型活动		
日期及时间	2020年10月30日上午9:00—11:30	活动地点	大元帅府广场
适用对象	游客及社区居民	预计人次	80
合作单位	□无　☑有广州市志愿者协会、广州市文化广电旅游局、孙中山大元帅府纪念馆	志愿者招募	□不需要　□需要＿＿名
活动背景/理论支持	**背景** 　　据统计，广州市现有文化和旅游志愿者7万余人，2019年参加服务的志愿者超过8万人次。他们在各个岗位上大放异彩，搭建起公共文化设施与社会之间的沟通桥梁，成为广州文化和旅游建设的重要力量。 　　为进一步丰富市民游客的文化生活，促进社区精神文明建设，追寻红色足迹，传承革命精神，坚定"理想信念"，补足精神之钙。在广州市文化广电旅游局的指导下，广州市滨江街社工服务站联合广州市志愿者协会共同开展本次的旅游嘉年华活动。活动将组织文化和旅游志愿队伍通过舞台表演及摊位互动的形式推广文明旅游理念，普及广州红色旅游景区文化，宣传广州旅游志愿服务。 **理论** 　　认知行为理论是一组通过改变思维或信念和行为的方法来改变不良认知，它是认知理论和行为理论的整合，是对认知和行为理论所存在缺陷的一种批评和发展，但却不是简单的相加，或者拼凑。认知行为强调认知活动在心理或行为问题中的发生作用。 　　班杜拉认为人的行为特别是人的复杂行为主要是后天习得的，是经由观察其他人或从事学习得来的。认知行为理论将认知用于行为修正上，强调认知在解决问题过程中的重要性，强调内在认知与外在环境之间的互动。认为外在的行为改变与内在的认知改变都会最终影响个人行为的改变。其主要包括问题解决、归因和认知疗法原则三个方面。 　　本次活动的宣传互动摊位将结合文明旅游倡导、广州景点宣传、广州公益时间银行宣传等与游客、社区居民进行互动，宣传文明旅游的同时号召社区居民加入旅游志愿者队伍。		
活动目的	向广大游客及社区居民宣传广州红色旅游景区，推广旅游志愿服务。		
具体目标	1. 80%以上的参与者了解到2个以上的广州红色旅游景区的历史背景； 2. 至少3名参与者注册成为滨江街社工站的志愿者。		

[①] 该文书来源于广州市心明爱社会工作服务中心，文书内容由罗燕芳撰写，未经允许，不得转载。

(续表)

活动评估		
改变范畴	评估指标	评估方式
认知	80%以上的参与者了解到2个以上的广州红色旅游景区的历史背景	1. 社工观察 2. 统计回收的游园券数量
行为	至少3名参与者注册成为滨江街社工站的志愿者	统计参与者现场填写"志愿者申请表"的数量、加入时间银行的滨江街社工站服务团队
宣传招募方法	☐街站外展、社区宣传活动中招募 ☐在过往参加者中宣传招募 ☐通过上门探访宣传招募	☐在社区宣传栏张贴宣传单 ☑通过电话、短信、网络平台等宣传招募 ☑其他(请填写)<u>在广志协官网、时间银行、微信公众号及QQ群登出活动预告、志愿者招募公告、活动通信等,传播活动信息</u>

2. 活动内容

前期工作日程安排				
序号	工作内容	完成日期	负责社工/跟进社工	备注
1	活动计划书	2020.10.16	罗社工	/
2	合作方沟通	2020.10.26	罗社工、许社工	/
3	物资准备	2020.10.28	罗社工、周社工	/

活动当天流程						
序号	时间	工作项目/主题	工作内容		负责社工	备注
1	7:30—9:00	活动前准备	1. 搭建舞台(8 m×10 m);安装5个立体的红色旅游景点纸板; 2. 帐篷及摊位搭建、领导席及观众席椅子摆放; 3. 社工运送游戏道具、宣传资料等物资到大元帅府广场 4. 志愿者集合,签到及进行活动前培训		罗社工、许社工、周社工	/
2	9:00—11:30	活动过程	舞台区域: 1. 暖场表演(2个节目,约10分钟) 2. 文广旅领导上台致辞(约5分钟) 3. 专才志愿者表演(2个节目,约20分钟) 4. 游园活动开始: 游玩顺序:1)摊位一:签到、兑换区域;参与者签到领取游园券、礼品兑换区 2)摊位二:追寻红色足迹:参与			

(续表)

序号	时间	工作项目/主题	工作内容	负责社工	备注
			者自由选择3个景区打卡点拍照合影,完成合影的参与者可凭照片获得一枚印花 3)摊位三:文明旅游知多少:参与者需答对2条以上的"文明旅游"相关的问题,即可获得一枚印花 4)摊位四:旅游景点齐来拼:参与者成功拼出其中一个旅游景区拼图可集到一枚印花(实景A3拼图,4个可选) 5)摊位五:旅游志愿服务齐参与:参与者通过扫码注册成为广州公益"时间银行"志愿者并加入"旅游志愿服务队""滨江街社工服务站",即可获得一枚印花 6)孙中山大元帅府纪念馆宣传	许社工、麦社工、钟社工、庞社工	/
3	11:30—12:00	活动结束	1. 活动结束,组织社工、志愿者上台合影 2. 社工、合作方及志愿者进行活动总结分享 3. 收拾场地,返回社工站	罗社工、许社工	/

3. 活动预估

困难预估及应对方法	
困难预估	应对方法
现场用电问题	社工提前与大元帅府主管进行面谈沟通用电问题,向其负责人详细介绍活动方案,并提议对方参与本次活动。
现场人数较多,秩序出现混乱	1. 通过前期做好现场场地划分,合理安排摊位位置,并做好参加人员就座位置,做好人流分流管理; 2. 安排足够的志愿者,并做好前期志愿者培训工作,协助维持现场秩序。

4. 活动人员分工

	姓名	工作内容
总负责人	罗社工	1. 活动前准备 2. 会务志愿者培训并布置分工 3. 协调各摊位突发情况

(续表)

	姓名	工作内容
协助社工	庞社工、黄社工	礼仪(由广志协梁姑娘负责培训并安排工作)
协助社工	周社工、钟社工、刘社工、罗社工	活动物资打包+搬运;物资包括:帐篷*3个,旅行套装*100个,社工站宣传资料*50份,口罩*50个
协助社工	嘉社工	摊位一,签到、兑换区,指引居民签到,领取游园券
协助社工	丽社工、洁社工	摊位二,社工站及志愿者服务宣传;应急用品取用
协助社工	麦社工	摊位三,追寻红色足迹,指引拍照、盖印花,维持秩序
协助社工	钟社工	摊位六,宣传旅游志愿服务,指引居民注册"时间银行"
协助社工	周社工、君社工	1. 座位区,贴好座位帖,分好表演队座位和居民座位;领导嘉宾区,摆好相关资料 2. 负责表演的催场工作
协助社工	周社工	指引领导车辆停放,活动拍照
志愿者2人	陈社工、伦社工	摊位一,协助居民签到;兑换礼品,回收兑换券
志愿者5人	黄××、张××、黄××、周××、李××	摊位三,每位志愿者负责一个打卡点,帮居民打卡拍照;周××(拍照+盖章(需确认是否已拍3个景区))
志愿者2人	黄×、梅××	摊位四,文明旅游知多少,指引居民参与知识问答,答对2条可给其印花一枚
志愿者2人	潘××、温××	摊位五,旅游景点起来拼,指引或协助居民完成其中一个景区拼图,并给完成拼图者印花一枚
志愿者2人	陈××、陈××	摊位六,旅游志愿服务齐参与,指引居民注册成为广州公益"时间银行"的志愿者,并加入"旅游志愿服务队""滨江街社工服务站",即可获得一枚印花
合作方1	唐姑娘(广志协)	协助音响等多媒体设备调试
合作方2	曾姑娘	医务应急救助

5. 活动物资与财务预算

序号	项目(名称、规格)	数量	单价(元)	费用合计(元)	采购选择
1	舞台搭建及场地布置(含摊位KT板及拼图制作)	1	15 150	15 150	C
2	旅行套装	100套	9	900	C
3	饮用水	144瓶	1.5	216	C
4	口罩	100个	0.8	80	C
5	会务志愿者补贴	30人	10	300	C
6	表演团体补贴	54人	10	540	C
7	朗诵团体	4个	50	200	C
8	主持人费用	1人	300	300	C
9	媒体补贴	2个	50	100	C

(续表)

序号	项目(名称、规格)	数量	单价(元)	费用合计(元)	采购选择
10	图片直播费用	1	2700	2700	C
	合计			20486	C

※采购选择说明：A. 委托机构统筹；B. 项目自行采购；C. 其他单位赞助。

6. 附件

"畅游广州·文明同行"
广州旅游志愿服务嘉年华活动

活动时间：2020年10月30日　　活动地点：孙中山大元帅府广场
指导单位：广州市文化广电旅游局　　主办单位：广州市心明善社会工作服务中心
支持单位：广州市志愿者协会　　　　协办单位：社工服务队
承办单位：广州市海珠区滨江街道办事处　　孙中山大元帅府纪念馆

7. 活动审批

部长审批	签名：_____　日期：_____
项目主任审批	签名：_____　日期：_____
督导审核	签名：_____　日期：_____
社工回应	签名：_____　日期：_____

4.21 "融入石牌"社区活动计划书

一、活动背景

石牌街位于天河区,交通四通八达,地区教育、医疗事业、商贸与文化娱乐业十分发达。但石牌街地处商业旺地寸土寸金,服务中心场地有限,辖区内人口多达约 30 万,人员构成复杂,不同人群的需求差异极大。其中石牌外来人口占的比例较多,对石牌社区的文化归属感不高,容易产生寂寞感,同时他们间还存在语言沟通障碍,外来人口对于石牌社区服务有多样性和差异性的需要。针对此情况对外来人口设计了一系列"和睦新广州人"服务,使社区人口中占了近六成的"新广州人"对广州更有归属感。

二、活动主题

石牌有你,更加快乐

三、活动目的

1. 通过社区居民的口碑相传和团队活动帮助外来人口逐渐融入社区。
2. 增强外来人口社会网络系统,提高外来人口对社区的凝聚力和归属感,加快帮助外来人员融入社区。

四、理论支持

(一) 符号互动论

符号互动论认为,符号是社会生活的基础,人们通过各种符号进行互动,人们可以借助于符号理解他人的行为,也可以借此评估自己的行为对他人的影响。符号互动论认为,人的行动是有社会意义的,人们之间的互动是以各种各样的符号为中介进行的,人们通过解释代表行动者行动的符号所包含的意义而做出反应,从而实现他们之间的互动。社工通过让外来人员了解广州石牌街的情况,让他们对社区有一个感性认识,并且通过一些游戏活动,让他们得到快乐的同时,在言语、行动等符号当中相互交流、沟通,让他们的思维过程很大程度上是主体的我(I)与客体的我(Me)之间的互动过程,增强社交支持网络,改善他们对社区的看法,使他们感受到自己不再孤独,感受到石牌社区是一个温暖的家园,这也有助于他们尽快融入石牌,融入广州这座大城市的新生活。

(二) 社会系统理论

社会系统学派的代表人物是美国著名的管理学家巴纳德,他认为组织是一个复杂的社会系统,应从社会学的观点来分析和研究管理的问题。由于他把各类组织都作为协作的社会系统来研究,后人把由他开创的管理理论体系称作社会系统学派。

社会系统学派的主要内容可以归纳为以下几个方面:

(1) 组织是一个是由个人组成的协作系统,个人只有在一定的相互作用的社会关系下,同他人协作才能发挥作用。本次活动为社区居民提供了一个相互协作的平台,设计了扑克叠叠高和橡皮筋传递两个协作性较强的游戏,让居民体验协作的乐趣。

(2)巴纳德认为组织作为一个协作系统包含三个基本要素:能够互相进行信息交流的人们;这些人们愿意做出贡献;实现一个共同目的。因此,一个组织的要素是:信息交流;做贡献的意愿;共同的目的。当社区居民报名参与本次活动时,说明他们有意愿做出努力;当社区居民组成一个队伍,他们就有了共同的目标;当这个队伍为了完成目标而进行内部互动时,也就加强了社区居民之间的交流。

(3)组织是两个或两个以上的人所组成的协作系统,为了使组织的成员能为组织目标的实现做出贡献和进行有效的协调,巴纳德认为应该采用"维持"的方法,包括"诱因"方案的维持和"威慑"方案的维持。"诱因"方案的维持是指采用各种报酬奖励的方式来鼓励组织成员为组织目标的实现做出他们的贡献,"威慑"方案的维持是指采用监督、控制、检验、教育和训练的方法来促使组织成员为组织目标的实现做出他们的贡献。本次活动主要通过奖品和口头激励提高社区居民参与的积极性。

五、活动主办单位、活动承办单位

主办:广州市石牌街社工站

承办:广州城市职业学院

六、活动对象及人数

社区里15岁到50岁的外来人员,约100人

七、活动时间

20××年1月3日上午9:00~11:30

八、活动地点

石牌街广场

九、活动内容

(一)前期准备工作

1. 宣传工作

(1)通过在社区内的公告栏上粘贴宣传单,发送关于石牌街道设施资源宣传小册,再通过画海报(包含板报)、在社区机构挂横幅,以及到石牌街各个社区去进行宣传,把本次活动推向整个街道。

(2)通过与石牌街居委会和街道办事处进行沟通联系,发放石牌街道设施资源宣传小册和宣传单,在社区公共栏上张贴宣传海报。

(3)与石牌街各社区的居委会或管理员联系,收集新广州人员的基本情况,希望他们能够协助我们帮忙宣传,并说服他们参与此次活动。

2. 确认参与人员名单

(1)由社区里15岁到50岁的外来人员到石牌街社工站前台填写报名表,然后给他们

发放石牌街道设施资源宣传小册子。

（2）由石牌街居委会和街道办事处收集各社区参与活动的报名表并统一交给石牌街社工站黄社工。

（黄社工:135××××××××）

（3）以电话或邮箱的形式上交报名名单。

（黄社工:电话:135××××××××;邮箱:123×××××@qq.com）

3. 人员分工

（1）活动负责人负责完成一份完整的策划书。

（2）活动负责人秘书负责制作横幅。

（3）活动负责人任务安排：

① 确定自愿参加本次活动的新广州人人数。

② 制定活动当天活动安排表，进行人员的分配，确定各个游戏环节负责人，并推选活动主持人。

③ 购买好所需的物品，然后收齐购买材料的发票，统计活动经费。

④ 协助志愿队队长完成对志愿者的工作安排和活动内容的通知。

（二）活动内容

1. 活动要求

（1）本次活动是以个人为单位，允许家庭参加。在活动前，工作人员给予每个参加者一张心愿卡片，每通过一个游戏获得一个盖章，不允许重复盖章，收集满四个印章即可兑换奖品。

（2）对于组队人员的安排，工作人员可以协助抽签决定。

2. 活动流程

时间	名称	内容	活动目的	备注	物资
9:00—9:20	开幕式	主持人致辞	调动现场活跃气氛和参与者的积极性。		麦克风,音响设备
9:20—9:40	你知道多少？	主持人现场提问关于石牌街社区的知识，在场参与者进行抢答。答对的能得到一份奖品。	令居民对石牌街道有更多的了解。为外来人员遇到困难时提供合法的解决途径，从而提高居民们对社区的认同度。		10份奖品
9:40—10:40	扑克牌,层层高	每五人为一组，每人手拿一张扑克牌，依次轮流地竖起或平放扑克牌，把扑克牌叠起来，时限5分钟内叠得高者为胜。如果出现同高的，加时三分钟再分出胜负，经过第二轮比赛，得出胜出组。胜出组可以盖一个印章。	充分发挥社区居民想象力与智慧。增进社区居民之间沟通与交流。		两盒扑克牌,两或三张桌子,尺子,奖品,心愿卡片。

(续表)

时间	名称	内容	活动目的	备注	物资
9:40—10:40	投球我最棒	以两人为一组,一个参赛者被蒙蔽双眼站在游戏区内,另一个参赛者站在游戏区外指挥被蒙双眼的人避开障碍物将皮球投在指定的圆筒内。成功组得到一个印章。	增强居民之间彼此的信任感。		1个小皮球,1个圆桶,1个眼罩,红色胶带,5个雪糕筒,奖品,心愿卡片。
	橡皮圈传递	每五人为一组,排成一排,由队首用嘴持筷子进行橡皮圈传递,只允许用筷子传递,不允许用手碰橡皮圈,限时一分钟,在规定时间内,第一个把橡皮圈传到队尾的小组获胜。如不慎把橡皮圈掉到地上,重来。胜出的参赛者得到一个印章。	加深队员之间默契度。使团队更加团结。		三个橡皮圈,多根筷子,奖品,心愿卡片。
	快乐吃吃	工作人员把薯片放在参赛者的额头上,参赛者必须通过脸部的运动把薯片吃掉,最快吃完薯片者胜。胜出的参赛者可得到印章一个。	通过活动中参与者做出的搞怪表情,让参与者体验轻松快乐的感受。在欢乐的气氛中拉进居民之间的距离。		多包薯片,奖品,心愿卡片。
10:40—11:20	齐来换大奖咯	参与者将收集的印章拿到兑奖处进行兑奖。收集满4个印章得到一个手机座和猫咪卡片;3个印章得到一本笔记本和猫咪卡片;2个印章得到一支笔和猫咪卡片;1个印章的获得一张猫咪卡片。	将现场气氛调到最高点,增进居民对社区的热爱。		多个手机座,笔,笔记本和猫咪卡片。
11:20—11:30	请把你的笑容留下	参与者把自己在新的一年的愿望写在心愿卡片贴在许愿墙上,即可与刚认识的朋友到留影处拍照。	让参赛者留下美好的祝福。把心愿凝聚起来,体现团体凝聚力。在社区内营造和谐气氛,促进外来人口的融入。		拍立得照相机,底片,许愿墙。

十、活动物质及经费预算

物资	经费	
宣传单	0.3元/张*300张	90元
横幅		30元
心愿卡片	0.5元/张*150张	75元
扑克牌	2.5元/盒*2盒	5元

(续表)

物资	经费	
尺子	5元/把*1把	5元
皮球、圆桶、眼罩、		35元
雪糕筒	4元/个*5个	20元
橡皮圈	1元/个*5个	5元
筷子	5元/包*3包	15元
薯片	3元/包*30包	90元
底片	1元/张*200张	200元
手机座	2元/个*30个	60元
笔	1元/支*40支	40元
笔记本	1.5/本*30本	45元
猫咪卡片	0.5元/张*150张	75元
合计(元)		790元

十一、活动可行性

外来务工人员都要为生活奔波，不免会减少对社区的了解与认识，以及由于语言沟通障碍、生活习惯不同、户籍差别等，导致他们对社区的归属感不高。本次社区活动以自愿方式参加，并通过小孩带动家长参与，可以丰富他们的娱乐生活，减轻其生活压力，还可以提高外来人口对本地的凝聚力和归属感，加快帮助外来人员融入社区。因此，举办这次社区活动是很有必要的。

十二、注意事项

1. 接受外来务工人员的报名，并做好记录。
2. 准备此次活动要用的物品，如各种奖品、横幅等。
3. 确保现场的音响与影像效果，并且维持好现场秩序与确保参与人员安全。
4. 社工或义工应协助有手脚不方便的参与者，以便其更好参与比赛的活动。
5. 事前对外来务工人员做好活动意义思想教育，做到与外来务工人员言谈交往时，要心怀谦恭，举止礼貌，送上真诚笑容。
6. 提前了解活动当天天气情况及其他突发事件，并制作一套活动应急处理方案，以灵活应对突发事件，保障活动的顺利进行。

十三、可预估的问题及解决办法

问题1：居委会、街道办事处的工作人员没有给予最大的帮助，可能导致宣传的不到位，以至于报名人数不足。

解决1：前期，社工可以通过来机构参与服务的外来人员宣传该活动，并让他们邀请自己的亲朋好友参加;社工可以联系一些工厂,并说明此活动对该工厂和员工的有益之处,尽量让厂方乐意帮助宣传。

问题2:外来务工人员没有预期的那样积极参加活动,可能导致活动现场一度冷场。

解决:在做好充足的前期工作后,社工可以安排一些有高度热情、热心的志愿者帮忙维持秩序、规则解说和鼓动参与。这样的话,可以体现对外来务工人员的尊重和理解。

问题3:参加人的年龄从15岁到50岁,而且人数较多,难免会出现一些碰碰撞撞的事情,可能会导致事故的发生。

解决:首先,每个游戏都要配两名工作人员维持秩序,要特别照顾好老人与小孩的安全问题。其次,活动现场要配备2名医护人员,当发生意外事故时,要做适当处理。

问题4:参加的人中难免会有互相认识或不认识的人,活动中需要团队的合作,而根据人际心理,通常都会寻找自己认识且熟悉的人共同参与,可能会出现一个人同时被两个团队招揽的状况,也可能会有某几个人没有团队邀请,最后可能不认识的人依旧不认识,达不到活动的宗旨及目的。

解决:社工在开展游戏过程中,可以让外来志愿者去进行协商,因为外来志愿者更能理解他们外来人员的感受,更能让外来务工人员熟悉起来。另外,社工可以设置游戏规则,让不认识的人熟悉起来。

十四、活动评估

1. 评估内容
① 活动现场气氛。
② 活动参与者反馈与评价。
2. 评估方法
① 观察法。
② 访谈法。

4.22 "文明社区幸福梦,和谐家园邻里情"鲛沙花园趣味游园嘉年华活动计划书[①]

一、活动目的

(一)让鲛沙居民从心理上认同并融入社区生活突出文化引领,牢固村民"历史情感纽带",努力使鲛沙居民归属上有"根"、思想上有"魂",打造精神家园,进一步深入开展宣传思想文化工作。

(二)通过"文明社区幸福梦,和谐家园邻里情"的社区趣味游园嘉年华活动,逐步提升居民对社区的归属感、认同感和居民之间的凝聚力,倡导邻里之间互知、互敬、互帮、互信、互促,引导居民群众树立"以社区为家""以社区为荣""与社区共进步"的意识,形成人人支持、户户参与、共同发展的良好局面,拉近邻里间的距离,促社区新风形成,为构建和谐、幸福社区做出贡献。

(三)通过"文明社区幸福梦,和谐家园邻里情"的社区趣味游园嘉年华活动,展现鲛沙花园居民享受新生活,体验新乐趣的精神风貌,营造快乐生活、和谐共居的良好氛围,增强社区的凝聚力,加强社区与居民群众的互动联系,达到宣传、构建和谐社区的目的。

二、活动主题、口号和形式

(一)活动主题

文明社区幸福梦,和谐家园邻里情

(二)活动口号

快乐生活,趣味体会!

(三)活动形式

户外群体活动

三、活动时间

2019年10月13日 19:00—22:00。

四、活动地点

鲛沙花园广场(百姓大舞台旁)

五、主办和协办单位

(一)主办单位

中共沙田镇委员会、沙田镇人民政府

[①] 该文书来源于东莞市正阳社会工作服务中心,文书内容由陈淑欣撰写,未经允许,不得转载。

(二) 承办单位

沙田镇社会事务局

沙田镇鲶沙花园社区综合服务中心

六、活动参与人员及人数

(一) 鲶沙花园居民(根据实际参赛人数而定);

(二) 沙田镇鲶沙花园社区综合服务中心(8名);

(三) 东莞市立沙新区物业管理有限公司(5名);

(四) 鲶沙花园繁星志愿者(65名)。

七、活动安排

(一) 前期准备

1. 活动宣传

制作活动宣传海报,粘贴于各楼栋宣传栏处;制作和悬挂活动横幅;在微信公众号、QQ群进行宣传,广而告之。

2. 活动报名

(1) 除亲子类、夫妻类型运动需提前报名外,其他运动项目不需报名参赛;

(2) 报名方式:根据社工发布的报名方式进行报名参赛。

3. 注意事项

患有心脏病或其他不适宜进行剧烈运动的居民,不建议参与本次活动,否则后果自负。

4. 活动场地布置

(1) 活动现场悬挂横幅;

(2) 制作活动背景幕布和音响,并置于篮球场处;

(3) 划分比赛项目场地,每一个项目处粘贴比赛规则;

(4) 背景幕布前设置咨询台和广播台。

(二) 活动流程

1. 开场节目;

2. 主持人开场白介绍活动目的和注意事项;

3. 播放鲶沙花园首届"社区邻里节"宣传片;

4. 镇主要领导致辞;

5. 主持人宣布开幕;

6. 表演节目;

7. 表演节目;

8. "身边好邻里"颁奖;

9. "志愿服务之星"颁奖;

10. "文明家庭"颁奖;

11. 表演节目;

12. 趣味游园嘉年华;

13. 邀请沙田镇电视台和报社记者现场报道;
14. 比赛结束后到背景幕布前领奖处领取相应的奖品,全体工作人员负责清理场地。

(三) 活动后期

活动结束后,及时撰写和发布活动通讯。

八、活动经费预算

物资名称	单价(元)	数量	金额(元)	备注
瓶装水	30	10箱	300	活动道具
警示胶带	5	60卷	300	活动道具
蔬菜			1 500	购买等值的奖品
雨伞	20	30把	600	购买等值的奖品
运动水壶	19.8	25个	495	购买等值的奖品
抱枕被	17.16	30	514.8	购买等值的奖品
小夜灯	3.2	100	320	购买等值的奖品
泥鳅、黄鳝、生鱼	泥鳅:15元/斤*20斤=300元 黄鳝:20元/斤*20斤=400元 生鱼10元/斤*20斤=200元	60斤	900	购买等值的奖品
马克杯	5	100	500	购买等值的奖品
文具套装	1.95	120	234	购买等值的奖品
陶瓷碗礼盒装	3.4	200	680	购买等值的奖品
筷子套装	2.4	300	720	购买等值的奖品
秒表	35	10	350	活动道具
不可预计费用			7586.2	
总计			15 000元	

九、活动道具

名称	数量	负责单位	备注
木板(协力竞走)	6块	社工	自备
砖块(摸石头过河)	25块	物业公司	借用
锣、棍	1套	社工	自备
大音响	1套	社工	自备
扩音器	4个	社工	自备
单反相机	2台	社工	自备

十、活动安排日程表

内容	时间	负责单位	备注
前期策划	3.1—3.8	社工	基本完成
通知	3.11	社工	A4纸通知
横幅	3.12	社工	
物资采购	3.13	社工/物业公司	
道具准备	3.14—3.20	社工/物业公司	
联系记者	10.7	社工	
物资清点	10.7	社工	
场地布置	10.13下午	社工/物业公司	
活动开展/奖品发放	10.13	全体工作人员	
场地清理	10.13	全体工作人员	

附件1：趣味游园嘉年华比赛项目介绍

比赛项目简介一（蔬菜为奖品）

一、项目名称

乐此不疲——套蔬菜比赛

二、项目简介

比赛开始前，裁判员给二位同时参赛的参赛队员各派发5个套圈，并要求参赛队员在规定距离以外进行套蔬菜比赛。裁判员发出口令后开始计时，限时30秒，用时最短套住蔬菜为胜，蔬菜为比赛奖品。

三、比赛要求

（一）参加者以个人进行参与，每次限2组同时参与，现场排队参与，奖品领完即止。

（二）患有心脏病或其他不适宜进行剧烈运动的居民，不建议参与本次活动，否则后果自负。

四、判罚规则

比赛过程中，参加者不许串道，并站立于社工指定的范围内，在30秒以内完成游戏，若套圈掉落则不得奖。

五、参考图片

比赛项目简介二(雨伞为奖品)

一、项目名称

同心协力——协力竞走

二、项目简介

由三人共同合作参赛,每位参赛员将双脚分别套在木板上,赛道14米。裁判发令后,三人连成一体向前冲。裁判员发出口令后开始计时,最快到达起点者为胜。

三、比赛要求

(一)报名者请以家庭组进行报名,每组需要三人参赛(家庭、邻里、朋友),每次限2组同时参与,限报50组家庭,先报先得,奖品领完即止。

(二)患有心脏病或其他不适宜进行剧烈运动的居民,不建议参与本次活动,否则后果自负。

(三)年龄要求60周岁以下。

四、判罚规则

比赛途中,参赛者不许串道,每组家庭限时5分钟内完成游戏环节,任何一名队员不能下落器械,若下落道具或队员摔倒,视情况重新绑好后在分离或摔倒地点继续前进,不停表,以各参赛队所用比赛器材触及起点线所在垂直平面停止,最快到达起点者为胜。

五、参考图片

比赛项目简介三(运动水壶为奖品)

一、项目名称

爱的奔跑——背老婆大赛

二、项目简介

由参赛丈夫背着老婆起跑,赛道14米,裁判发令后开始计时,丈夫背着老婆向前跑。裁判员发出口令后,最快到达起点者为胜。

三、比赛要求

(一)报名者请以夫妻组进行报名,限报40对夫妻,每次限2组同时参与,先报先得,奖品领完即止。

（二）患有心脏病或其他不适宜进行剧烈运动的居民，不建议参与本次活动，否则后果自负。

（三）年龄要求 55 周岁以下。

四、判罚规则

比赛过程中，参加者不许串道，每组家庭限时 3 分钟内完成游戏环节，丈夫背老婆的方式不限，但老婆脚不能触地，否则重新背起继续比赛。若不慎跌倒，视情况重新背起继续比赛，不停表，到起点为止，最快到达起点者为胜。

五、参考图片

比赛项目简介四（抱枕被为奖品）

一、项目名称

快乐前行——企鹅漫步

二、项目简介

参赛队员通过用手抱球和腿夹球的方式将 3 个球运送到终点，由于双腿夹球所以走路的方式是身体左右摇摆，双手都在夹球，导致手肘对外，和企鹅在漫步一样一样的，充满乐趣。赛道 14 米，亲子接力赛，裁判员发出口令后开始计时，最快往返到达起点者为胜。

三、比赛要求

（一）参赛者请以家庭组进行报名，每组家庭需要二人参赛（家长＋孩子），每次限 2 组同时参与，限报 50 组家庭，先报先得，奖品领完即止。

（二）患有心脏病或其他不适宜进行剧烈运动的居民，不建议参与本次活动，否则后果自负。

（三）家长年龄要求 55 周岁以下，孩子年龄要求 6～12 岁。

四、判罚规则

比赛过程中，每组家庭限时 3 分钟内完成游戏环节，手不能碰及皮球，皮球与人不能分离，若分离则必须从起点处重新开始，直到绕回起点。若串道则从起点重新开始，其间不停表,到起点为止,最快到达起点者为胜。

五、参考图片

比赛项目简介五(南瓜为奖品)

一、项目名称

乐赛丰收——挑扁担比赛

二、项目简介

参赛者用扁担挑着两个有一定重量的大箩筐,扁担置于起跑线以外,赛道14米。裁判发令后开始计时,参赛员挑着扁担往终点及起跑点跑,器具接触起点线,最快到达起点者为胜。

三、比赛要求

(一)参加者以个人为单位进行参与,每次限2组同时参与,现场排队参与,奖品领完即止。

(二)患有心脏病或其他不适宜进行剧烈运动的居民,不建议参与本次活动,否则后果自负。

四、判罚规则

比赛途中,每组参赛者限时3分钟内完成游戏环节,参赛者不许串道。任何一名参加者不能下落器械。若下落道具或队员摔倒,视情况重新绑好后在分离或摔倒地点继续前进,其间不停表。各参赛队所用比赛器材触及起点线所在垂直平面计时停止,最快到达起点者为胜。

五、参考图片

比赛项目简介六(鱼类为奖品)

一、项目名称

年年有鱼——抓活鱼比赛

二、项目简介

比赛开始前,参赛队员同时围绕鱼池站立,裁判员发出口令后开始计时,参赛队员以用时最短抓住鱼并跑回起点放水桶里为胜,每轮比赛时间为 3 分钟,时间到后,参赛人员即时停止抓鱼,用时最短者为胜。

三、比赛要求

(一)参加者以个人为单位进行参与,每次限 2 组同时参与,现场排队参与,奖品领完即止。

(二)患有心脏病或其他不适宜进行剧烈运动的居民,不建议参与本次活动,否则后果自负。

四、判罚规则

比赛过程中,参赛者不许串道,不得借助任何工具,到起点为止,时间到后,参赛人员即时停止抓鱼,用时最短者为胜。

五、参考图片

比赛项目简介七(陶瓷碗为奖品)

一、项目名称

乐在其中——盲人击锣

二、项目简介

参赛者在起点处依次排列,开始比赛后,将眼罩系好,单手持锤前进,挥锤,击中锣记一分,未敲中不计分,每组参赛者限时1分钟内完成游戏环节。

三、比赛要求

(一)参加者以个人为单位进行参与,现场排队参与,奖品领完即止。

(二)患有心脏病或其他不适宜进行剧烈运动的居民,不建议参与本次活动,否则后果自负。

四、判罚规则

比赛途中,参赛者不许串道,比赛前进队员只有一次挥锤机会,不准手触摸眼罩或身体接触锣,否则视为未敲中,不计分。未系好或者中间落下,需返回起点重新开始。

五、参考图片

比赛项目简介八(筷子套装为奖品)

一、项目名称

岁物丰成——插秧比赛

二、项目简介

参赛者在起点处依次排列,赛道为14米,每组参赛者限时3分钟内完成游戏环节,开始比赛后,参赛者依次往瓶子里插秧。用时最短插秧最多者为胜。

三、比赛要求

(一)参加者以个人为单位进行参与,每次限2组同时参与,现场排队参与,奖品领完即止。

(二)患有心脏病或其他不适宜进行剧烈运动的居民,不建议参与本次活动,否则后果自负。

(三)年龄要求55周岁以下。

四、判罚规则

比赛过程中,参赛者不许串道。

五、参考图片

比赛项目简介九(甘蔗为奖品)

一、项目名称

忆苦思甜——托甘蔗比赛

二、项目简介

参赛者托着一把一定重量的甘蔗,从起点出发跑向终点,再返回至起点,赛道14米。裁判员发令后开始计时,器具接触起点线,最快返回起点者为胜。

三、比赛要求

(一)参加者以个人为单位进行参与,每次限4组同时参与,现场排队参与,奖品领完即止。

(二)患有心脏病或其他不适宜进行剧烈运动的居民,不建议参与本次活动,否则后果自负。

(三)年龄要求55周岁以下。

四、判罚规则

比赛中,不许串道,不能掉落甘蔗。若有甘蔗掉落或队员摔倒,视情况重新抬起重回起点或在摔倒地点继续前进,其间不停表,以各参赛队比赛用时为准,用时少者为胜。

五、参考图片

附件 2：横幅（略）

附件 3：比赛场地布置图（略）

附件 4：志愿者分工表

趣味游园嘉年华比赛·志愿者分工表 1

志愿者编号	志愿者分工	备注
所有志愿者	在比赛开始前协助社工布置活动现场，比赛正式开始后，所有志愿者根据活动前分工各自协助现场活动。	比赛名称：乐此不疲——套蔬菜比赛
1、2	分工：发令员、计时员； 位置：位于起跑线处； 职责：负责比赛项目的发令，负责参赛员的出场顺序；吹哨预备，旗子落下为计时员提示开始计时；给每个参赛队员派发5个套圈，并要求参赛队员在规定距离以外进行套蔬菜比赛。计时结束后与参赛员一起到社工处进行盖章确认成绩。同时，提前发放道具（套圈）给参赛者，结束后回收放回原处。计时结束后，即场发放蔬菜奖品给胜出参加者（届时主办方会为其准备哨子）。	"套蔬菜"比赛参考图片

(续表)

志愿者编号	志愿者分工	备注
3、4、5	分工：裁判员、记录员、兑奖员； 位置：裁判员分别位于赛道两侧，并随着参赛员移动； 职责：裁判员负责比赛简介和判罚规则讲解；负责为参赛员进行比赛的演示；负责为参赛员发放套圈；负责参赛员犯规的裁判。"套蔬菜"参赛员要求在参赛过程中不能串道，如果串道则进行提醒，套圈掉落不计分。计时结束后，现场发放蔬菜奖品给胜出参加者（届时主办方会为志愿者准备好比赛简介和判罚规则）。	"套蔬菜"志愿者安排图

趣味游园嘉年华比赛·志愿者分工表2

志愿者编号	志愿者分工	备注
6、7	分工：发令员、计时员； 位置：位于起跑线处； 职责：负责比赛项目的发令；负责参赛家庭（三人组）的出场顺序和赛道安排；举起旗子并吹哨预备，旗子落下为计时员提示开始计时。木板前端置于起跑线处，参赛家庭站在木板上，发令后参赛员开始比赛。计时结束后与参赛员一起到记录员处盖章。同时，提前将放在服务台处的道具（木板）放到起跑线，结束后放回原处（届时主办方会为其准备哨子）。	比赛名称：同心协力——协力竞走  "协力竞走"比赛参考图片
8、9	分工：记录员、裁判员； 位置：裁判员分别位于赛道两侧及终点处，并随着参赛员移动； 职责：发令员负责比赛简介和判罚规则讲解；负责为参赛员进行比赛的演示；负责为参赛员发放道具；负责参赛员犯规的裁判；"协力竞走"参赛员在参赛过程中不能串道，不能下落道具，如果串道则提醒，如果道具下落则重新站到木板上继续前行，木板后端跨过终点线为结束。记录参赛员的成绩和姓名，"协力竞走"所有参赛家庭比赛结果记录完毕后（以家庭为单位进行记录），对胜出家庭进行盖章确认成绩。参赛者自行前往兑奖区进行兑奖（届时主办方会为志愿者准备好比赛简介和判罚规则）。	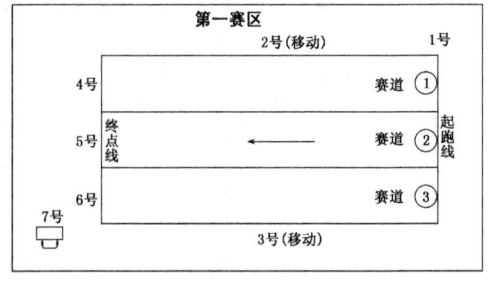 "协力竞走"志愿者安排图

趣味游园嘉年华比赛·志愿者分工表3

志愿者编号	志愿者分工	备注
10、11	分工:发令员、计时员; 位置:位于起跑线处; 职责:负责比赛项目的发令;负责参赛员的出场顺序和赛道抽签;吹哨预备,旗子落下为计时员提示开始计时,参赛员背起各自的妻子,参赛员准备好,发令后参赛员开始比赛(届时主办方会为其准备哨子)。	比赛名称:爱的奔跑——背老婆大赛  "背老婆大赛"比赛参考图片
12、13	分工:裁判员、记录员; 位置:裁判员分别位于赛道两侧及终点处,并随着参赛员移动; 职责:发令员负责比赛简介和判罚规则讲解;负责为参赛员进行比赛的演示或讲解;负责参赛员犯规的裁判;要求"背妻子大赛"参赛员在参赛过程中不能串道,如果串道则进行提醒。计时结束后与胜出参赛员一起到记录员处进行盖章确认成绩。参赛者自行前往兑奖区进行兑奖(届时主办方会为志愿者准备好比赛简介和判罚规则)。	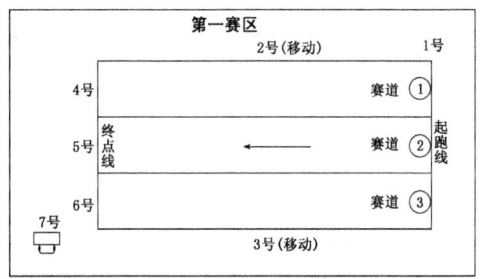 "背老婆大赛"志愿者安排图

趣味游园嘉年华比赛·志愿者分工表4

志愿者编号	志愿者分工	备注
14、15	分工:发令员、计时员; 位置:位于起跑线处; 职责:负责比赛项目的发令;负责参赛员的出场顺序;负责参赛员犯规的裁判(不能在线内起跑);负责比赛简介和判罚规则讲解;负责为参赛员进行比赛的演示或讲解。每位参赛员共有1次起跑机会,参赛员准备好,发令后参赛员开始投掷。计时结束后与胜出参赛员一起到记录员处盖章确认成绩。	比赛名称:快乐前行——企鹅漫步 "企鹅漫步"比赛参考图片

(续表)

志愿者编号	志愿者分工	备注
16、17	分工:裁判员、记录员; 位置:裁判员分别位于赛道两侧,并随着参赛员移动; 职责:发令员负责比赛简介和判罚规则讲解;负责为参赛员进行比赛的演示或讲解;负责参赛员犯规的裁判。"企鹅漫步"参赛员在参赛过程中不能串道,如果串道则提醒改正。计时结束后与胜出参赛员一起到记录员处进行盖章确认成绩;参赛者自行前往兑奖区进行兑奖(届时主办方会为志愿者准备好比赛简介和判罚规则)。	"企鹅漫步"志愿者安排图

趣味游园嘉年华比赛·志愿者分工表5

志愿者编号	志愿者分工	备注
18、19	分工:发令员、计时员; 位置:位于起跑线处; 职责:负责比赛项目的发令,负责参赛员的出场顺序,负责参赛员犯规的裁判(不能在线内起跑),负责比赛简介和判罚规则讲解;负责为参赛员进行比赛的演示或讲解,每位参赛员共有1次起跑机会,参赛员准备好,发令后参赛员开始挑担。计时结束后与胜出参赛员一起到记录员处盖章确认成绩。	比赛名称:乐赛丰收——挑扁担比赛  "挑扁担"比赛参考图片
20、21	分工:裁判员、记录员; 位置:裁判员分别位于赛道两侧,并随着参赛员移动; 职责:发令员负责比赛简介和判罚规则讲解;负责为参赛员进行比赛的演示或讲解;负责参赛员犯规的裁判,"挑扁担比赛"参赛员要求在参赛过程中不能串道,如果串道现象则进行提醒。计时结束后与胜出参赛员一起到记录员处进行盖章确认成绩;参赛者自行前往兑奖区进行兑奖(届时主办方会为志愿者准备好比赛简介和判罚规则)。	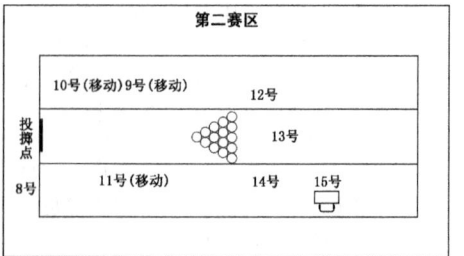 "挑扁担比赛"志愿者安排图

趣味游园嘉年华比赛·志愿者分工表6

志愿者编号	志愿者分工	备注
22、23	分工:发令员、计时员; 位置:位于起跑线处; 职责:负责比赛项目的发令,负责参赛员的出场顺序,负责参赛员犯规的裁判(不能在线内起跑),负责比赛简介和判罚规则讲解;负责为参赛员进行比赛的演示或讲解,每位参赛员共有1次起跑机会,参赛员准备好,发令后参赛员开始抓鱼。计时结束后,即场发放活鱼奖品给胜出参加者。	比赛名称:年年有"鱼"——抓鱼比赛  "抓鱼"比赛参考图片
24、25、26	分工:裁判员、记录员、兑奖员; 位置:裁判员分别位于赛道两侧,并随着参赛员移动; 职责:发令员抽签结束后负责比赛简介和判罚规则讲解,负责为参赛员进行比赛的演示或讲解,负责参赛员犯规的裁判,"抓鱼比赛"参赛员要求在参赛过程中不能串道,如果串道现象则进行提醒。计时结束后,即场发放活鱼奖品给胜出参加者(届时主办方会为志愿者准备好比赛简介和判罚规则)。	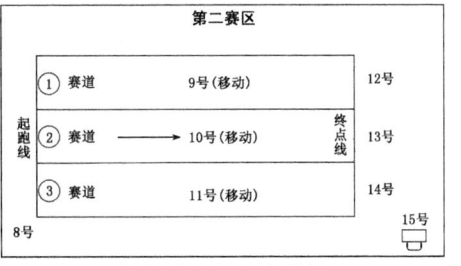 "抓鱼"志愿者安排图

趣味游园嘉年华比赛·志愿者分工表7

志愿者编号	志愿者分工	备注
27、28	分工:发令员、计时员; 位置:位于起跑线处; 职责:负责比赛项目的发令,负责参赛员的出场顺序,负责参赛员犯规的裁判(不能在线内起跑),抽签结束后负责比赛简介和判罚规则讲解;负责为参赛员进行比赛的演示或讲解,每位参赛员共有1次起跑机会,参赛员准备好,发令后参赛员开始起跑。计时结束后与胜出参赛员一起到记录员处盖章确认成绩。	比赛名称:乐在其中——盲人击鼓  "盲人击鼓"比赛参考图片
29、30	分工:裁判员、记录员; 位置:裁判员分别位于赛道两侧,并随着参赛员移动; 职责:发令员抽签结束后负责比赛简介和判罚规则讲解,负责为参赛员进行比赛的演示或讲解,负责参赛员犯规的裁判,"盲人击鼓"参赛员要求在参赛过程中不能串道,如果串道现象则进行提醒。计时结束后与胜出参赛员一起到记录员处进行盖章确认成绩;参赛者自行前往兑奖区进行兑奖(届时主办方会为志愿者准备好比赛简介和判罚规则)。	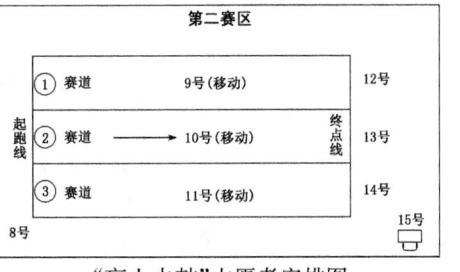 "盲人击鼓"志愿者安排图

趣味游园嘉年华比赛·志愿者分工表 8

志愿者编号	志愿者分工	备注
31、32	分工：发令员、计时员； 位置：位于起跑线处； 职责：负责比赛项目的发令，负责参赛员的出场顺序，负责参赛员犯规的裁判（不能在线内起跑），抽签结束后负责比赛简介和判罚规则讲解；负责为参赛员进行比赛的演示或讲解，每位参赛员共有1次起跑机会，参赛员准备好，发令后参赛员开始起跑插秧。计时结束后与胜出参赛员一起到记录员处盖章确认成绩。	比赛名称：岁物丰成——插秧比赛  "插秧"比赛参考图片
33、34	分工：裁判员、记录员； 位置：两名裁判员分别位于赛道两侧及终点处，并随着参赛员移动； 职责：发令员抽签结束后负责比赛简介和判罚规则讲解；负责为参赛员进行比赛的演示或讲解，负责参赛员犯规的裁判，"插秧比赛"参赛员要求在参赛过程中不能串道，如果串道现象则进行提醒。计时结束后与胜出参赛员一起到记录员处进行盖章确认成绩；参赛者自行前往兑奖区进行兑奖（届时主办方会为志愿者准备好比赛简介和判罚规则）。	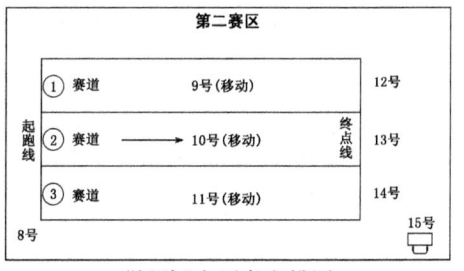 "插秧"志愿者安排图

趣味游园嘉年华比赛·志愿者分工表 9

志愿者编号	志愿者分工	备注
35、36	分工：发令员、计时员； 位置：位于起跑线处； 职责：负责比赛项目的发令，负责参赛员的出场顺序，负责参赛员犯规的裁判（不能在线内起跑），抽签结束后负责比赛简介和判罚规则讲解；负责为参赛员进行比赛的演示或讲解，每位参赛员共有1次起跑机会，参赛员准备好，发令后参赛员开始起跑。计时结束后与胜出参赛员一起到记录员处盖章确认成绩。	比赛名称：忆苦思甜——扛甘蔗比赛  "扛甘蔗"比赛参考图片
37、38	分工：裁判员、记录员； 位置：裁判员分别位于赛道两侧，并随着参赛员移动； 职责：发令员抽签结束后负责比赛简介和判罚规则讲解；负责为参赛员进行比赛的演示或讲解，负责参赛员犯规的裁判，"扛甘蔗比赛"参赛员要求在参赛过程中不能串道，如果串道现象则进行提醒。计时结束后与胜出参赛员一起到记录员处进行盖章确认成绩；参赛者自行前往兑奖区进行兑奖（届时主办方会为志愿者准备好比赛简介和判罚规则）。	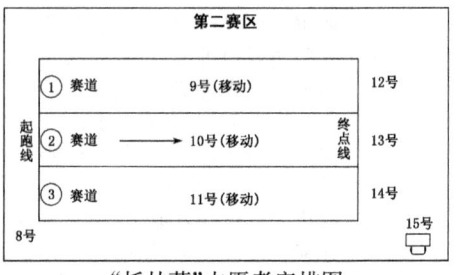 "扛甘蔗"志愿者安排图

趣味游园嘉年华比赛·志愿者分工表10

志愿者编号	志愿者分工	备注
39、40、41、42、43、44	分工:秩序员、协调员; 位置:赛场周边及赛道处、发令员和记录员之间; 职责:39～44号秩序员志愿者负责维护赛场周边的秩序和安全,移动巡视;特别是有赛道的比赛,保障参观人员不要在赛道内走动。	整个赛场详见场地布置图
45、46、47、48、49、50	分工:兑奖员; 位置:兑奖区; 职责:负责协调兑奖区奖品兑换工作。兑换奖品时,必须以兑奖券盖章为准,并按奖券奖品兑换为准,不得随意兑奖。及维持兑奖区秩序和安全。	

备注:1. 10月13日(星期日)下午15:30在鲛沙花园中心广场集合,中心广场位于鲛沙花园幼儿园对面、28栋旁边;

2. 主办方为每位志愿者提供水和服装;

3. 集合后对志愿者分工情况进行详细讲解;

4. 志愿者着装以休闲或运动装为宜,尽量穿运动鞋;

5. 活动结束后,所有工作人员清理场地并合影留念。

附件5:志愿者站位分布图(略)

附件6：比赛项目计分表

比赛项目一

乐此不疲——套蔬菜比赛计分表

序号	组别	运动员姓名(个人)	比赛用时(S)	名次
1				
2				
3				
4				
5				
6				
7				
8				
9				
10				
11				
12				
13				
14				
15				
16				

裁判签名：_____

比赛项目二

同心协力——协力竞走比赛计分表

序号	组别	运动员姓名(家庭)	比赛用时(S)	名次
1				
2				
3				
4				
5				
6				
7				
8				
9				
10				
11				
12				
13				
14				
15				
16				

裁判签名：_____

比赛项目三

爱的奔跑——背妻子比赛计分表

序号	组别	运动员姓名(夫妻)	比赛用时(S)	名次
1				
2				
3				
4				
5				
6				
7				
8				
9				
10				
11				
12				
13				
14				
15				
16				

裁判签名：_____

比赛项目四

快乐前行——企鹅漫步比赛计分表

序号	组别	运动员姓名(家庭)	比赛用时/(S)	名次
1				
2				
3				
4				
5				
6				
7				
8				
9				
10				
11				
12				
13				
14				
15				
16				
17				

裁判员签名：_____

比赛项目五

乐赛丰收——挑扁担比赛计分表

序号	组别	运动员姓名	比赛用时/(S)	名次
1				
2				
3				
4				
5				
6				
7				
8				
9				
10				
11				
12				
13				
14				
15				
16				
17				

裁判员签名：_____

比赛项目六

年年有"鱼"——抓鱼比赛计分表

序号	组别	运动员姓名	比赛用时/(S)	名次
1				
2				
3				
4				
5				
6				
7				
8				
9				
10				
11				
12				
13				
14				
15				
16				
17				

裁判员签名：_____

比赛项目七

乐在其中——盲人击鼓计分表

序号	组别	运动员姓名	比赛用时/(S)	名次
1				
2				
3				
4				
5				
6				
7				
8				
9				
10				
11				
12				
13				
14				
15				
16				

裁判员签名：_____

比赛项目八

岁物丰成——插秧比赛计分表

序号	组别	运动员姓名	比赛用时/(S)	名次
1				
2				
3				
4				
5				
6				
7				
8				
9				
10				
11				
12				
13				
14				
15				
16				

裁判员签名：_____

比赛项目九

忆苦思甜——托甘蔗比赛

序号	组别	运动员姓名	比赛用时/(S)	名次
1				
2				
3				
4				
5				
6				
7				
8				
9				
10				
11				
12				
13				
14				
15				
16				

裁判员签名：_____

4.23 "益起社造吧"社区议事会活动计划书[①]

活动基本资料	活动名称	"益起社造吧"社区议事会	编号	略
	活动时间	2021.01.30	活动地点	员村街社工服务站(430课室)
	活动负责人	王社工	活动对象	前期参加过社造活动的居民
	预计参与人数	10人	活动规模	小型活动

活动背景及理论	活动背景： 　　在社工站第三年度服务中,重点项目发起"益起社造吧"员村街社区发展计划,旨在发掘与盘活社区资源。以特殊困境群体关怀与社区培力为主,依托员村街社区慈善基金,通过对社区不友好环境因素的改善以及社区预防性、发展性的改造与美化等专项社区改造行动,提升社区居民/企业/组织对于特殊困境群体和社区生活环境的关注,营造团结—共享的社区氛围。 　　根据项目组前期开展的"'益'起社造吧"相关活动,对收集到的社区改造问题进行活动背景整理归纳,并从活动中发掘对社造服务有兴趣且积极性较高的居民,搭建议事会平台,组织他们共同参与社造计划。 理论： 　　社区发展模式:是指通过调动社区居民的参与、互助合作,再加上上级政府和外界机构组织的协助和支持,动员社区内外资源,解决社区问题,满足居民需求的一种工作模式。该模式强调的是居民参与和合作沟通,注重居民在参与社区发展过程的个人能力、公共意识和社区归属感的培养,而不仅仅是社区物质环境的建设。项目组织召开"'益'起社造吧"员村街社区议事会,旨在调动居民社区参与的积极性,共同探讨员村街社区改造方向,群策群力以促进社区改造计划推进。
活动目标	调动居民社区参与积极性,促进社区改造计划推进。
成效指标及评估方法	成效指标： 经过活动参与者的决议,得出第一个社造议题,并形成初步的计划和人员分工。 评估方法:观察法、资料收集法

工作计划/活动具体流程	一、前期准备				
	时间	主题	内容	负责人	备注
	2021.01.22	活动计划书	完成活动计划书撰写。	王社工	
	2021.01.26	材料梳理	将前期收集到的社区改造问题及建议进行梳理汇总,得出共性。	王社工 陈社工 吴社工	
	2021.01.29	材料准备	准备活动横幅、大白纸、笔、签到表等。	吴社工	

[①] 该文书来源于广州市天河区启智社会工作服务中心,文书内容由工林雯霞撰写,未经允许,不得转载。

(续表)

二、活动当日				
时间	主题	内容	负责人	备注
9:30—9:40	场地布置	对场地进行布置,摆放桌椅等。	王社工	
10:00—10:10	相互认识、议事会主题介绍	社工自我介绍后,引导参与者逐一进行自我介绍,促进彼此相互认识。		
10:00—10:20	互动环节	向参与者提问"大家今日为什么会出现在这里呢?"	王社工	总结:为了员村街社区有更好的发展而聚集在一起
10:20—10:30		向参与者了解理想中的社区是怎么样的。设定生活的社区,让参与者更有代入感去思考该问题。		协助的同工在以下环节均以角色扮演的形式参与
10:30—10:40		结合前期整合的社区改造议题,引导参与者思考现在的社区是怎么样的,距离我们理想中的社区还有多远。还有哪里是可以再进一步改善的,或者是可以进一步美化的。除以上总结问题外,参与者还可提出新的议题。		结合前期服务成效,进行回应。
10:40—10:50	排列顺序	让参与者对上述议题进行排序,从可通过、可操作性、经费预算、耗费时长等方面做出选择。		
10:50—10:55	决议环节	根据排序结果决议出一个社区改造的议题。		
10:55—11:25	群策群力	聚焦于决议议题,带领参与者共议解决方案,如社区改造过程中需要使用到的资源、涉及的相关利益方、经费预算、人员分工、宣传等。		
11:25—11:40	总结环节	总结今日议事会共同商议的内容,按照上面做出人员分工,布置作业,鼓励参与者回去后按计划执行,有疑问和进展均需在群组上进行沟通和汇报。		

4.24 "启智公益仓之汇爱天河南"社区活动计划书[①]

活动基本资料	活动名称	启智公益仓之汇爱天河南	编号	QZTHN1920-FP1108
	活动时间	2019年11月17日 9:00—17:00	活动地点	天河南社工站大厅
	活动负责人	宋社工、石社工、蔡社工	活动对象	辖区困境人群
	预计参与人数	约100人	活动性质	发展性
活动背景及理论	目标人群的问题及需求： 　　广州市天河南街位处于天河区中心地带，道路交通四通八达。辖区总面积2.08平方公里，下辖12个社区居委会。辖区常住人口77 165人，来穗人员41 238人。其中困境家庭有193户，包含了低保低收家庭、单亲家庭、失独家庭、残障家庭等；困境长者有127人，包含了独居、高龄、孤寡、残障长者等，困境青少年有69人，包含残障、低保低收等青少年；以及就业困难等造成经济困难的失业人员。据2019年天河南街社工站需求调研中所得，困境群体存在一定的支援需求，其中包括物资支援、资源链接需求。 　　为认真贯彻习近平总书记的重要指示精神，党建引领社工服务更精确聚焦，把党建与社工专业服务有机结合，突出社区居民兜底性服务。为了进一步搭建资源整合平台，并挖掘企业以及志愿者资源，包括人力、物力、服务资源等正式、非正式资源，建立社区资源支持平台，天河南社工站将举办"启智公益仓之汇爱天河南"社区活动，从而为社区困境群体提供有用的资源链接。 　　理论： 　　社会支持理论：社会支持是指一定社会网络运用一定的物质和精神手段对社会弱势群体进行无偿帮助的行为的总和。一般是指来自个人之外的各种支持的总称，是与弱势群体的存在相伴随的社会行为。依据社会支持理论的观点，一个人所拥有的社会支持网络越强大，就能够越好地应对各种来自环境的挑战。个人所拥有的资源又可以分为个人资源和社会资源。个人资源包括个人的自我功能和应对能力，后者是指个人社会网络中的广度和网络中的人所能提供的社会支持功能的程度。以社会支持理论取向的社会工作，强调通过干预个人的社会网络来改变其在个人生活中的作用。特别对那些社会网络资源不足或者利用社会网络的能力不足的个体，社会工作者致力于给他们以必要的帮助，帮助他们扩大社会网络资源，提高其利用社会网络的能力。				
活动目标	为辖区内的困境群体提供资源链接。			
成效指标及评估方法	成效指标： 1. 辖区困境群体收获至少三件以上对其有帮助的物资； 2. 辖区困境人群至少体验一种免费服务资源。 评估方法： 问卷调查（随机抽取当天参与者进行问卷调查）			

[①] 该文书来源于广州市天河区启智社会工作服务中心，文书内容由宋小娜撰写，未经允许，不得转载。

(续表)

	一、前期准备				
	时间	主题	内容	负责人	备注
工作计划/活动具体流程	2019—11月初	统筹	公益仓内：文书、内容设计、分工安排、物资确认、物资准备等对接工作。	宋社工	
	2019—11月初	统筹	公益仓外围：义剪义诊等资源链接、舞台设计各项事宜确认	蔡社工	
	2019—11月11日前	i志愿发布	已有招募好的志愿者团队，只需发布i志愿链接，供此志愿者团队的志愿者每次前来做服务时签到签退及17日当天活动的岗位安排和培训。	李社工	
	2019-11-14日前	物资购买及报销	启智公益仓涉及需要的物资。如活动当天矿泉水、挂衣架子、横幅。	萧社工	
	2019-11-14日前	衣架	对接每位同工带约10个衣架，活动后会归还。	宋社工	
	2019-11-13日前	人员通知	共一百个名额，家庭组30个名额（家庭组社工通知）、青少年组10个名额（青少年组社工通知）、长者组20个名额（长者组社工通知）、环卫工人20个名额，机动20个名额。各项目组对接通知，提供名单、确定份额（每人3样物品，一个家庭上限9样物品）等。	宋社工	
	2019-11-12 14:00—18:00	物资搬运	1. 联系搬运车司机。 2. 到员村搬运物资到天河南大厅。 3. 同时约至少5名志愿者协助。 4. 物资主要是：鞋子、衣物、家居用品、装饰用品等用品。	宋社工	
	2019-11-13 14:30—17:30	物资整理	1. 将物资有序整理及分类分箱装好。五大类：家具用品、衣服、鞋子、装饰用品、其他。 2. 5~8名志愿者。	马社工 邓社工	
	2019-11-14 14:30—17:30	物资整理	1. 将物资有序整理及分类分箱装好。五大类：家具用品、衣服、鞋子、装饰用品、其他。 2. 5~8名志愿者。	马社工 邓社工	

(续表)

一、前期准备				
时间	主题	内容	负责人	备注
2019-11-15 14:30—17:30	物资整理	1. 将物资有序整理及分类分箱装好。五大类：家具用品、衣服、鞋子、装饰用品、其他。 2. 5~8名志愿者。	马社工 邓社工	
2019-11-15 14:30—15:30	活动开展前安排会议	1. 活动当天工作人员参加本次会议。 2. 人员：参与当天活动的同事。	宋社工	

二、活动当日				
时间	主题	内容	负责人	备注
2019-11-17 8:30—9:00	场地布置	1. 各场地区域、桌椅、位置等摆放。 2. 蔡社工、陈社工负责外围，宋社工、石社工负责内围，其余同事协助。	蔡社工 宋社工	1. 活动当天，宋社工及石社工负责内围，为机动人员，有任何事宜均可沟通。蔡社工、陈社工、孔社工负责外围工作。 2. 2名志愿者协助负责秩序维持和拍照等工作。
2019-11-17 8:30—9:00	志愿者培训	1. 20~30名志愿者，志愿者集合，岗位培训。 2. 所有工作人员8:30点前达到。 3. 李社工负责志愿者岗前培训及分工说明，李社工与宋社工对接。	李社工 宋社工	
2019-11-17 9:00—9:30	统筹	所有工作人员确定各自被安排的工作，负责各摊位各自工作。准备活动过程中所有涉及的各类通知、注意事项、兑换数字单等各类物资。	宋社工	
2019-11-17 10:15—12:00 14:30—17:00	签到摊位（内围：桌椅摆放前台处）	1. 前来参与的参与者签到，对应名字，领取份额。志愿者发放相应份额数字，指引参与者领券后到相应摊位兑换物品。数额为多少，则领取多少样，上限9样物品。 2. 配3名志愿者。	方社工	
	咨询摊位 10:00—12:00 （外围）	1. 为参与本次公益仓的居民进行解答，如流程等。 2. 各常规班、各服务、个案、微心愿、送餐上门、就医协助、义仓、义诊、义修、义剪等服务宣传及介绍。 3. 配2名志愿者。	萧社工	

(续表)

二、活动当日				
时间	主题	内容	负责人	备注
2019-11-17 10:15—12:00 14:30—17:00	义剪摊位 10:00—12:00 (外围)	1. 为前来参与的服务对象提供义剪服务。提供20~30个号。 2. 5名志愿者(3名理发师+2名志愿者)。	蔡社工 李社工 孔社工	
	义诊摊位 10:00—12:00 (外围)	1. 为前来参与的服务对象提供义诊服务。 2. 义诊医生和护士负责(配1名志愿者维持秩序)。	蔡社工 李社工 孔社工	
	各物资摊位	1. 约5个物资摊位,分别为:家具用品、衣服、鞋子、装饰用品、其他。 2. 每个摊位2名志愿者。 3. 配10名志愿者+2名社工。	匡社工、邓社工	
	签退摊位	1. 负责对数字和对物件。 2. 负责拍照、负责签收。 3. 配3名志愿者+1名社工。	马社工	
2019-11-17 17:00—18:00	活动结束	1. 拍摄大合照、全体工作人员清理现场。 2. 所有工作人员将剩余相应物资整理分装后搬至二楼归置好。	宋社工 石社工	

三、活动后期				
时间	主题	内容	负责人	备注
2019-11-18	通讯稿/文书归档	1. 撰写通讯稿,发至公众号宣传。 2. 文书撰写归档。	宋社工	

人员分工	两名社工负责统筹,9名社工负责带队协助,约25名志愿者负责协助开展,具体分工见上表。				
经费预算	物品名称	数量	单价(元)	小计(元)	合计(元)
	矿泉水	4箱	40	160	1 000
	衣架干	5	50	250	
	横幅	1	90	90	
	志愿者补贴	25	20	500	

预计困难	解决方法
活动现场秩序紊乱	灵活处理,如发生秩序紊乱,机动人员协助维持秩序
活动当天天气下雨	做好预防天气问题预防

(续表)

预计困难	解决方法
活动当天未报名者要求领取物资	做好沟通,贴好相应预告通知,提前确定报名者方可领取物资
督导意见	督导签名：　　　　　日期：
主任审批	主任签名：　　　　　日期：

社工签名：_____　日期：_____

4.25 "益起社造"之社区漫步探索活动计划书[①]

<table>
<tr><td rowspan="5">活动基本资料</td><td>活动名称</td><td colspan="2">"益起社造"之社区漫步探索活动</td><td>编号</td><td>略</td></tr>
<tr><td>活动时间</td><td colspan="2">2021.1.17
10:00—18:00</td><td>活动地点</td><td>员村辖区内</td></tr>
<tr><td>活动负责人</td><td colspan="2">陈社工</td><td>活动对象</td><td>辖区内居民</td></tr>
<tr><td>预计参与人数</td><td colspan="2">100人以上</td><td>活动规模</td><td>大型活动</td></tr>
<tr><td colspan="5"></td></tr>
<tr><td>活动背景及理论</td><td colspan="5">➤目标人群的问题及需求：
　　员村街下辖有16个社区，可大致分为城中村片区、老旧宿舍/公屋片区和新型小区片区。其中城中村的来穗人员众多，老旧宿舍/公屋片区已进入设备老化和老龄化的阶段。如在社区的公共空间中存在杂物堆积的现象，缩小了居民的活动空间，使得居住在附近的居民觉得社区中没有一块空间可以让他们带着孩子去玩耍，老人没有一块地方可以坐下来聊天，原有的公共空间被"隐藏"起来了。
　　基于此，员村社工站在社区开展"益起社造"之社区漫步探索活动，通过社区漫步的形式去提升居民对于本社区资产的认识与了解，寻找社区中可利用的"隐藏空间"。完成绘制社区资产地图及排查社区中待改善区域，通过此次社区漫步探索活动，动员社区持份者关注与了解社区，促进其社区参与。
➤理论：
　　社会目标模式以关注社会整合和人参与社会的责任感为工作重点，通过人的能力和意识的提高去影响和改变社会。在这种工作模式中，参加者被看作是一个统一体，通过集体的力量促进社会的变迁。在此理论的基础上，活动过程中参加者通过对社区进行走访和绘制社区资产地图，排查社区中待改善区域，提升参加者对于社区资产的了解与关注度。盘点社区自有资产，有利于凝聚居民自身力量加入后续的社区事务中，提升其社区参与度，为后续的社区介入行动打好基础。</td></tr>
<tr><td>活动目标</td><td colspan="5">通过社区漫步探索活动，动员社区持份者关注与了解社区，促进其社区参与。</td></tr>
<tr><td>成效指标及评估方法</td><td colspan="5">➤成效指标：
1. 参加者完成10个社区的资产盘点并绘制出社区资产地图。
2. 在此次活动中，挖掘出3名社区积极居民，参与到后续的社区改造行动中。
➤评估方法
1. 访谈法　2. 观察法</td></tr>
<tr><td rowspan="5">工作计划/活动具体流程</td><td colspan="5">一、前期准备</td></tr>
<tr><td>时间</td><td>主题</td><td>内容</td><td>负责人</td><td>备注</td></tr>
<tr><td>2021.1.12</td><td>计划书</td><td>完成计划书的撰写</td><td>陈社工</td><td></td></tr>
<tr><td>2021.1.13</td><td>招募</td><td>1. 发布活动招募通知
2. 将招募通知同步发送到微信群上</td><td>陈社工
王社工</td><td></td></tr>
<tr><td>2020.1.13</td><td>宣传单</td><td>制作"益起社造"项目宣传单</td><td>吴社工</td><td>宣传单</td></tr>
<tr><td></td><td>2020.1.15</td><td>通知</td><td>根据报名信息进行人员通知，确定参加人数</td><td>陈社工
王社工</td><td>报名信息</td></tr>
</table>

[①] 该文书来源于广州市天河区启智社会工作服务中心，文书内容由陈灿莉撰写，未经允许，不得转载。

(续表)

一、前期准备				
时间	主题	内容	负责人	备注
2020.1.115	培训PPT	1. 介绍本次活动的目的及内容 2. 社区资产的相关概念以及具体对应的事务 3. 确定走访社区区域 4. 以小组中走访的南富为例,向参加者介绍社区资产地图的绘制	陈社工 王社工	PPT内容
2020.1.16	物资	活动物资准备	陈社工 王社工	签到表、签字笔

二、活动当日(2021.1.17)				
时间	主题	内容	负责人	备注
10:00—10:15	签到	引导参加者有序进入培训场地,并进行签到,避免拥挤	王社工 吴社工	
10:16—11:00	培训	1. 介绍本次活动的目的及内容 2. 社区资产的相关概念以及具体对应的事物 3. 确定社区走访区域及分组 4. 以小组中走访的南富为例,向参加者介绍社区资产地图的绘制	陈社工	
11:01—11:05	合照	组织参加者拍摄大合照	王社工	
11:06—16:30	社区走访	1. 将参加者分为10组,分别以居住在当地的居民作为队长,带领其他参与者进行走访 2. 参加者在走访过程中观察并记录社区当中的资产情况,绘制社区资产草稿 3. 走访过程中,排查出社区中存在的不友好环境因素,并拍照上传至群里 4. 走访过程中,向社区居民派发"益起社造"项目宣传单,并向其介绍此项目	陈社工 王社工 吴社工	10组对应走访10个社区
16:31—17:00	完善地图及整理照片	1. 走访结束后,参加者陆续回到集合地点进行社区资产地图完善 2. 整理出待整改区域的照片,并上传至群里	陈社工 王社工 吴社工	
17:01—18:00	分享	社工组织参加者进行分享,内容包括社区走访过程中的发现、活动感受及收获	陈社工	

(续表)

	三、活动后期				
	时间	主题	内容	负责人	备注
	2021.1.19	新闻稿	1. 撰写与发布通讯稿 2. 在社工站公众号进行发布，并将其推送至居民群里，提高项目宣传度及知晓度	陈社工	
	2021.1.20	文书	活动总结文书	陈社工	
人员分工	见上文人员具体安排				
经费预算	物品名称	数量	单价(元)	小计(元)	合计(元)
					无

预计困难	解决方法
参加者缺乏社区资产及地图绘制的知识	社工前期通过培训以及展示小组中组员所画图像，让参加者对于社区的资产有所认识。

督导意见	
	督导签名：　　　　　　日期：

主任审批	
	主任签名：　　　　　　日期：

社工签名：_____　　日期：_____

4.26 "员村有你更精彩"社区改造线上征集活动计划书[①]

活动基本资料	活动名称	"员村有你更精彩"社区改造线上征集活动	编号	略
	活动时间	2021.1.8—1.18	活动地点	线上
	活动负责人	王社工、吴社工	活动对象	员村社区居民
	预计参与人数	60人	活动规模	大型活动
活动背景及理论	➢目标人群的问题及需求： 　　员村街道是广州市天河区下辖的一个街道，面积5.37平方公里。总人口约15.3万人，其中户籍人口5.09万人，60岁以上老年人约1.1万，低保低收家庭57户，持证残疾人782名，外来常住人口10.21万人，人口密度每平方公里约3万人。员村街下辖16个社区居委会和1个撤村改制公司。按照社区类型分，可大致分为老旧宿舍/公屋社区、城中村社区、商品房社区、综合性社区，总体资源丰富，生活设施较为完善。但辖区内公租房、单位宿舍等老旧社区楼龄较长，在设施设备上相对缺乏并且年久失修，社区居民的居住环境、居住安全性较差，老旧社区的生活设施设备存在维护翻新、改造的需要。因此，员村街社工站提出"益起社造吧"员村街社区发展计划，动员社区居民关注自身社区环境，积极参与社区事务，共同推动社区生活环境的改善。启智社工发挥社区居民熟悉社区环境的优势，发起线上征集活动，收集并整理社区老旧现状图，为"益起社造吧"员村街社区发展计划后续活动的开展奠定基础。 ➢理论： 　　社区赋权社会工作是指社区社会工作者按照社区工作实务的通用过程模式，围绕社区治理的主要问题进行社区预估与诊断，制定问题及其治理为导向的社区社会工作服务方案。社区社会工作服务方案及其介入既采取社区动员、社区教育等地区发展模式的路径，以提升社区居民的参与意识和参与能力为目标，也采取社区诊断、社区分析等社会策划模式的路径，以较有效率的方式提供服务为目标。 　　社区赋权社会工作强调赋权社区是一个过程，强调居民的自主参与权利意识与参与意识，并不是一个直接给予的权利，必须通过自主性的参与来赋权社区。社区赋权的跨度很大，可以从国家支持的自主行动延伸到由社区中非专业人士组织的行动，并且后者的自主性更强。同时，对于社区的赋权，需要动员所有社区居民参与进来，并延展到那些处于弱势、被排斥和被边缘化的人群。只有这样，才能引导社区居民表达意愿，协助其发展，并使其有能力实现自己的目标。 　　所谓社区赋权就是通过外部能力介入，激发社区内部的觉醒，促进参与，提升居民能力，并实现社区发展的过程。本次活动正是通过社工的力量为社区居民提供参与社区事务的平台，以线上征集的方式向社区居民收集社区的老旧现状图及社区改造的建议，由此提高社区居民对社区的关注，提高社区居民的主人翁意识，促进社区居民参与社区事务。
活动目标	1. 提高员村社区居民对社区生活环境的关注，带动员村社区居民参与社区事务。 2. 收集社区老旧现状图，为"益起社造吧"员村街社区发展计划后续活动的开展奠定基础。

[①] 该文书来源于广州市天河区启智社会工作服务中心，文书内容由吴漫纯撰写，未经允许，不得转载。

(续表)

成效指标及评估方法	➢成效指标： 1. 收集到至少 20 份员村社区的社区老旧现状图 2. 达到最大的宣传效果，活动文章阅读量达到 100 人次 ➢评估方法： 观察法、数据分析法				
工作计划/活动具体流程	一、前期准备				
	时间	主题	内容	负责人	备注
	2021.1.5	活动计划书	完成活动计划书	吴社工	
	2021.1.7	公众号文章	公众号宣传文章、H5 内容制作	吴社工	
	二、活动当日				
	时间	主题	内容	负责人	备注
	2021.1.8	线上征集	线上发布公众号推文与 H5 页面链接，收集社区改造意见与建议。 征集方式： 参与者可以通过上传图片和文字描述或视频描述进行社区改造的提案。注：描述内容包括：所拍摄的图片或视频的具体地址、问题、改造建议。	吴社工、王社工	
	三、活动后期				
	时间	主题	内容	负责人	备注
	2021.1.18	资料整理	整理收集到意见与建议	王社工	
	2021.1.22	活动总结	完成活动总结文书	吴社工	
人员分工	活动负责人依照活动安排完成相关工作，其他工作人员协助				
经费预算	物品名称	数量	单价(元)	小计(元)	合计(元)
	—				无
	预计困难		解决方法		
	社区老旧现状图收集量少		加大宣传力度，如成效不明显考虑转线下宣传活动		

督导意见	
	督导签名：　　　　　　　日期：

主任审批	
	主任签名：　　　　　　　日期：

社工签名：_____　　　　日期：_____

参考文献

1. 谭洛明,庄丽华.社区活动策划[M].南京:南京大学出版社,2013.
2. 张晓琴、李坪.社会工作文书[M].南京:南京大学出版社,2017.
3. 张晓琴.社会工作实务:通用过程与技巧[M].南京:南京大学出版社,2018.
4. 全国社会工作者职业水平考试教材.社会工作实务:中级[M].北京:中国社会出版社,2021.
5. 甘炳光、胡文龙、冯国坚、梁祖彬.社区工作技巧[M].香港:香港中文大学出版社,1997.
6. 黄干知、梁玉麒、刘有权.一团和戏[M].香港:策马文创有限公司,2012.
7. 黄幹知、梁玉麒.举一玩十[M].香港:策马文创有限公司,2012.
8. 刘静林.社区服务[M].北京:中国轻工业出版社,2007.
9. 王忠平.志愿服务管理理论与实务[M].北京:北京交通大学出版社,2015.
10. 谭洛明.社区居民参与意识和自治意识是社区教育的基础[J].海口:科学时代,2007年第6期.
11. 谭洛明.社区居民自治浅谈[J].广州:广州城市职业学院学报,2010年第1期.
12. 谭洛明.一种新型的社区服务模式的探讨[J].广州:广州城市职业学院学报,2010年第3期.